고려대학교 정부학연구소
방법론 프론티어시리즈 01

퍼지셋 질적 비교연구방법론의 이론과 적용

Fs/QCA 입문

이승윤

KU PRESS
고려대학교
출판문화원

이 저술에 필요한 연구는 2012년 정부(교육과학기술부)의 재원으로
한국연구재단의 지원을 받아 수행됨(NRF-2012S1A3A2033416)

머리말

Dogan과 Pelassy는 비교연구방법론에 대한 그들의 논고 — How to Compare Nations(1990) — 에서 정치학 연구에 있어 비교(comparison)란 아리스토텔레스 이전으로 거슬러 올라갈 수 있을 만큼 오래된 연구방법이라고 설명하며, '철학자들은 타인의 대한 이해를 통해서만 자신을 알 수 있다고 오래전부터 생각해 왔다("An age-old idea of philosophers is that knowledge of the self is gained through knowledge of others" (p.5))'라는 서술로 서문을 시작한다. 이렇듯 사회과학에서 비교연구에 대한 연구자들의 고민은 사실 '오래된 고민'이라고 할 수 있다. 이 가운데 실험적 통제는 사회과학에서 제약이 있을 수밖에 없고, 통계적 통제는 많은 사례 수가 전제되어야 하는데, 특히 국가 간의 비교연구는 사례 수보나 변수의 수가 많게 되는 문제에 당면하게 되는 경우가 많다. 그래서 학자들은 Mill의 일치법(method of agreement) 및 차이법(method of difference) 등의 비교연구방법론을 통해 통제의 목적을 달성하는 방법을 활용해 왔다. 이러한 비교연구방법론은 데이터의 양과 질의 향상과 더불어 눈부신 발전을 이뤄 왔으나 여전히 정성적 접근방식의 비교연구와 정량적 접근방식의 비교연구 간의 방법론적 한계에 대한 고민이 남아 있었다.

퍼지셋 질적비교연구방법론은 비교연구에 있어 양적 및 질적 연구방법론 간의 가교에 대한 고민으로 탄생한 연구방법론이라고 할 수 있다. 본 방법론은 기존의 연구방법론들을 대체하기 위해 개발되었다기보다, 사례중심적 및 변수중심적 연구의 양쪽 속성을 내포한 연구문제들에 접근하는 데 좀 더 용이한 연구방법론으로 이해될 수 있겠다.

이 책은 다양한 사회과학의 학문 영역, 특히 비교연구를 실시하는 연구자 및 대학원생들에게 퍼지셋 질적비교연구방법론을 소개하는 데 목적을 두었다. 현재 퍼지셋 질적비교연구방법론은 기존의 다양한 통계적 기법과 결합하여 꾸준하게 논의 및 발전되고 있는데, 이 책은 그 방법론에 대한 입문서라고 할 수 있을 것이다. 1장은 퍼지셋 질적비교연구방법에 대한 이론적 이해로 본 방법론의 발달 배경과 성격 그리고 통합적 방법론으로서의 가능성에 대해 설명하였다. 2장은 좀 더 알기 쉽게 퍼지셋 질적비교연구방법론의 주요 내용 및 원리를 설명하였다. 3장은 실질적으로 퍼지셋 질적비교연구방법론을 활용할 수 있는 소프트웨어 사용방법에 대한 매뉴얼 및 설명이다. 마지막으로 4장은 퍼지셋 질적비교연구방법을 활용한 연구를 소개하여 정책분석을 위한 비교연구에 있어 퍼지셋 질적비교연구방법론이 어떻게 사용될 수 있는지 설명하였다.

부족하고 미진한 부분은 독자들의 격려와 조언으로 향후 보완해 나갈 것을 약속하며, 이 책이 출판되기까지 자료 정리와 원고 정리를 도와준 이화여자대학교 대학원생 김유휘, 김윤영, 박고은에게 고마운 마음을 전하며, 출판을 격려하신 고려대학교 행정학과 구교준 교수님과 최영준 교수님께도 감사의 말씀을 전한다. 또한 편집을 맡아 주신 고려대학교출판문화원 편집실에도 감사함을 표한다. 끝으로, 사랑하는 딸 서원이게 늘 고맙다는 말을 전하고 싶다.

2014년 8월 28일
이승윤

차례

1장
퍼지셋 질적비교연구방법에 대한 이론적 이해

1. 퍼지셋 질적비교연구방법의 배경

퍼지셋 질적비교연구(Fs/QCA)는 사회과학 방법론에서 사례중심의 질적 분석과 변수중심의 양적 분석을 통합하기 위해 개발된 시도로 먼저 질적비교연구(QCA)[1]의 등장으로 시작되었고(Ragin 1987), 이후 여기에 퍼지셋 논리를 적용한 퍼지셋 질적비교연구(Fs/QCA[2])가 개발되었다(Ragin 2000). 퍼지셋 방법론적 접근은 아직 상대적으로 발전 과정에 있다고 볼 수 있지만(Ragin 2006; Smithson 2005; Verkuilen 2005), 이미 많은 사회과학자들 사이에서 방법론적 논의의 대상이 되고 있으며 일부 부정적인 비판도 있다(Lieberson 2004; Seawright 2004). 그럼에도 불구하고 질적비교연구(QCA) 및 퍼지셋 질적비교연구(Fs/QCA) 방법론을 활용하는 연구자들은 꾸준히 증가하고 있다.

1 질적비교연구(QCA)는 보통 이분법적 불리언(Boolean) 방법론과 관련이 있다.

2 퍼지셋/질적비교연구(Fs/QCA)는 퍼지셋 질적분석을 설명한다. 하지만 질적비교연구(QCA)와 마찬가지로 불리언(Boolean) 방법론을 적용한다.

퍼지셋 질적비교연구(Fs/QCA)는 비교연구에서 사회과학의 집합이론적(set theoretic) 본질을 논하는 데 있어 사례중심 연구가 이론화 및 과학적 측정에 대해 갖게 되는 한계를 인식한다. 사례중심 연구자는 대개 이론적 틀에서 대상이 되는 개념을 중심으로 연구를 시작하고 이 개념을 정제하고 정교화하기 위하여 선별된 사례들을 활용한다. 퍼지셋 질적비교연구(Fs/QCA)는 경험적 증거를 통한 과학성의 확보를 위해 (변수중심 분석으로부터) 집합소속 정도(set membership)에 대한 눈금매기기(clibration)를 실시하면서도, 동시에 변수중심의 연구가 갖는 한계인 방법론과 이론과의 연결성을 높이기 위해 (사례중심 분석으로부터) 집합이론적(set theoretic) 접근을 시도한다. 퍼지셋 질적비교연구(Fs/QCA)는 사회과학의 변수중심 또는 사례중심의 연구들을 대체한다기보다는 비교연구의 틀에서 이론적 담론과 실증적 분석을 결합하고자 시도라고 이해할 수 있다. 다시 말해 다른 사회과학의 연구방법론 대비 퍼지셋 질적비교연구(Fs/QCA)의 방법론적 우월성이 있다기보다는 연구자의 연구주제 및 목적에 따라 퍼지셋 질적비교연구(Fs/QCA)가 비교연구를 위한 유용한 도구로 활용될 수 있다는 것이다.

일반적으로 사회과학에서 비교연구는 둘 이상의 사례를 다루지만(Lijphart 1971), 한 국가에 대하여서도 "인과적 논증에서 중요한 거시수준을 비교하거나 비교의 맥락에서 실증적 질문을 하는" 연구를 의미하기도 한다(Amenta 2003). 그러나 1960년대 초반부터 비교사회연구가 많은 사례 수를 대상으로 하는(large-N) 변수중심의 연구로 이루어지기 시작했으며 이 접근방식은 최근까지 계속해서 번성하였다(Hall 2003, Hall 2003; Mahoney 2003; Mahoney and Rueschemeyer 2003; Ragin 1991). 그리고 역사비교연구(Historical Comparative Analysis)의 발전에도 불구하고(Mahoney and Rueschemeyer 2003; Amenta 2003) 여전히 역사비교 연구자들 또한 전통적인 방법론을 적용하여 이론과 경험적 자료를 연결하는 데에 어려움을 느낀다. 결국 이상적인 비교연구모델은 이론 강조와 실증적인 데이터 강조 사이의 균형, 사례중심과 변수중심 사이의 균형, 객관성과 주관성 사이의 균형을 이루기 위한 방법론이라고 할 수 있다. 퍼지셋 질적비교연구(Fs/QCA)는 질적 분석과 양적 분석 모두의 장점을 포함시키기 위한 시도로 개발된 야심 찬 방법론으로, 제대로 수행될 경우 두 방법론적 사이의 가교 역할을 할 수 있다. 그렇지만 연구자들은 퍼지셋 질적비교연구(Fs/QCA)만의 독특한 기능을 정확히 파악하고 적합한 연구에 적용하는 것이 선차적으로 중요하다.

2. 퍼지셋 질적비교연구방법의 성격

퍼지셋 이론은 변수중심 분석이나 사례중심 분석과 다른 독특한 특징들을 가지고 있다. 첫째, 퍼지셋 질적비교연구방법은 양적 분석과 비교할 때, 결합된 요인들의 인과관계(conjunctural causation)가 내포하는 인과적 복합성(casual complexities)을 살펴보기 위하여 연구자에게 더 많은 자유도(degrees of freedom)가 주어진다(Ragin 2000). 사례중심 비교연구의 기본 논리는 사례를 결합된 총체 중심으로(configurationally) 살펴보는 것이다. 사례중심 분석은 총체를 이루는 서로 다른 개별 부분들이 전체적 그림 혹은 총체적 관점에서 이해된다는 것을 가정하기 때문에(Ragin 2000, p.68), 사례중심 연구자들은 사례가 갖는 맥락을 이해하는 것을 중시한다. 또한 사례 내의 동질성을 포괄적으로 이해하기 위하여 연구자들은 다양한 이론을 활용하여 사례의 여러 측면을 살펴본다.

이와 비슷하게 퍼지셋 질적비교연구(Fs/QCA)는 다른 독립변수들이 일정하다고 간주하고 한 원인이 종속변수에 미치는 영향을 고려하는 방법보다는 사례 내 각각의 특성 간 상호작용 효과를 완전히 허용하는 결합적 인과성 구조(joint causal system)에 초점을 둔다. 예를 들어 퍼지셋 질적비교연구(Fs/QCA)는 복지국가의 발전에서 노조 유무와 사민주의 정부 유무의 독립적 효과를 검증하는 것이 아니라, 네 가지의 인과적 결합(configurative) 조건을 만들어 내고 복지국가 발전과 조건의 관계를 분석한다. 즉, 사민주의 정당의 유무와 노조의 유무를 복지국가의 발전을 설명할 수 있는 가설적 조건으로 채택하는 경우, 각각이 독립변수로서 복지국가발전(종속변수)에 미치는 영향을 살펴보는 것이 아니라, 각 조건이 결합되어 어떻게 요인으로

작용하는지 분석하는 것이다. 퍼지셋 질적비교연구방법은 요인이 되는 조건들을 '속성(attributes)'으로 설명하는데, 구체적으로 속성이 K개일 때, 인과적 결합요인은 수리적으로 다음과 같이 2^k개까지 구성될 수 있다.

X1=노조가 있고 사민주의 정당이 있음(L*S),

X2= 노조가 있고 사민주의 정당이 없음(L*s),

X3= 노조가 없고 사민주의 정당이 있음(l*S),

X4= 노조가 없고 사민주의 정당이 없음(l*s).

인과관계를 설명하는 등식은 질적 연구를 기반으로 하여 사례에 '그리고(logical and)'와 '혹은(logical or)'을 적용하는 것으로 발전시킬 수 있다. '그리고(logical and)(*)'는 둘 이상의 조건이 결합되는 복합집합(compound set)을 나타낸다. '혹은(logical or)(+)'은 합집합을 뜻하고 등식에서 덧셈부호로 표기된다. 연구자가 이론적 바탕에 따라 선별한 12개의 사례가 있는데 그 중 8개가 선진 복지국가(advanced welfare state)라고 가정하자. 연구자들은 이 8개의 사례(선진 복지국가 8개국)를 분석하여 각각에 해당되는 인과적 결합요인으로 1) L*S(노조가 있고 사민주의 정당이 있음), 2) L*s(노조가 있고 사민주의 정당이 없음), 3) l*S(노조가 없고 사민주의 정당이 있음) 조건을 발견한 경우, 이는 복지국가 발전의 조건이 3개의 결합요인(configurations)이 될 수 있음을 의미한다. 즉, 복지국가 발전의 조건은 '노조가 있고 사민주의 정당이 있음(L*S)' 혹은 '노조가 있고 사민주의 정당이 없음(L*s)' 혹은 '노조가 없고 사민주의 정당이 있음(l*S)'이다.

$$\text{복지국가 발전(W)} = L*S + L*s + l*S \qquad (1)$$

불리언(Boolean) 접근법을 적용하면 위 등식은 아래의 등식과 같이 단순해진다. 아래 등식에 따라 '노조가 있거나 사민주의 정당이 있음(L + S)'인 경우 복지국가 발전한다는 등식이 성립된다.

$$\text{복지국가 발전(W)} = L*S + L*s + L*S + l*S = L(S + s) + S(L + l) = L + S \text{[3]} \qquad (2)$$

다음으로, 퍼지셋 질적비교연구(Fs/QCA) 접근은 변수보다 사례를 더욱 강조한다. 전통적인 변수중심 분석에서 많은 수의 사례가 합쳐지면서(pooling) 개별 사례의 특수성이 사라지기 때문에 각 사례의 역사적 · 맥락적 미묘한 차이가 감춰지기 쉽다. 즉, 사례 내에서의 이질성이 쉽게 무시될 수 있다는 것이다. 퍼지셋 질적비교연구(Fs/QCA)의 이점은 개별 사례가 변수로 분해되는 것이 아니라 하나의 총체(a whole)로 분석된다는 것이다. 따라서 위에

3 집합이론(set theory)에서 L*S=L*S+L*S이다. 따라서 치환하면 W=(L*S+L*S)+L*s+l*S이고 재배열하면 W=(L*S + L*s)+(L*S+l*S)이다. 따라서 인수분해 결과는 W=L(S+s)+S(L+l)이고 마지막으로 단순화하면 W=L+S이다.

서 제시한 예시와 같이 하나의 총체(a whole)로서의 스웨덴은 각각의 결합요인들[예를 들어, 노조가 있고 사민주의 정당이 있음(L*S), 노조가 있고 사민주의 정당이 없음(L*s), 노조가 없고 사민주의 정당이 있음(l*S)]에 대한 소속점수(membership score)가 각각 생성된다(퍼지점수에 대해서는 아래에서 다시 구체적으로 설명한다).

셋째, 퍼지셋 질적비교연구(Fs/QCA)는 사례를 특징짓는 방식과 관련하여 유연성을 허용한다. 위에서 언급한 것과 같이, 각 사례는 노조나 사민주의 유무와 같은 중요한 요인조건에 대해 소속점수(membership score)를 갖게 된다. 단순한 집합이론(set theory)에서 한 사례는 어떤 집합에 속하거나 속하지 않는 두 가지의 경우만 갖게 되는 반면, 퍼지셋 논리는 소속 정도(membership)의 단계를 가능하게 한다. 퍼지셋 질적비교연구는 사례가 갖는 속성들의 정도의 차이를 인정하는 것이다. 이러한 집합의 소속 정도는 연구자에 의해 결정된다. 예를 들어, 스웨덴의 노조 유무가 일반집합 이론에 따라, '속하거나' '속하지 않는'의 이분법적으로 구분된다면, 퍼지셋 논리가 결합되면서 노조의 강함과 약함 정도 또는 역사의 길이 등 연구자의 연구목적에 의해 각 조건에 대해 퍼지점수가 매겨지게 되는 것이다. 즉, 연구자는 1[소속(fully in)]과 0[소속되지 않음(fully out)]이라는 질적인 한계점(breaking point)을 정의하고 부분적인 소속(membership)을 가능하게 하는 0에서 1사이의 퍼지 점수(membership scores)를 정하는 것이다. 다시 말해, 퍼지셋 점수 매기기는 "세밀하게 쪼개진(fine-grained) 연속적인 척도로, 조건의 속성과 관련된 본질적이고 이론적 지식을 활용하여 연구자가 신중하게 눈금을 매기는(calibrate) 것이다(Ragin 2000, p.7)."

이러한 눈금매기기(calibration)[4]는 질적 개념을 양적으로 비교할 수 있게 만든다. 예를 들어 한 국가가 선진국으로 분류되어야 할지 여부나 복지 제공의 관대성 정도에 따라 국가를 비교하는 경우 연구자는 이론적 지식을 활용하여 퍼지점수 눈금매기기를 실시하고, 이를 통해 복지 제공의 관대성이라는 질적 개념이 양적으로 비교가능해지는 것이다. 퍼지셋 질적비교연구(Fs/QCA)에서 눈금매기기(calibration), 즉 집합의 소속 정도(membership) 결정은 개념에 따라 다양할 수 있으며, 연구자의 우선순위에 따라 개념적, 이론적, 역사적, 맥락적 배경을 반영한다(Vis 2007).

이러한 퍼지셋 질적비교연구(Fs/QCA)의 특징은 두 가지 이점을 가진다. 첫째, 퍼지셋 질적비교연구(Fs/QCA)는 질적비교연구의 일반적 과정을 적절하게 반영한다. 또한 둘째로, 신중한 눈금매기기(calibration)를 통해 양적 비교연구를 가능하게 한다. 셋째, 퍼지셋/질적 비교연구(Fs/QCA)는 사회과학의 집합이론적(set theoretic) 본질을 반영함으로써 이론과 경험적 자료의 분석이 일치될 수 있도록 한다(Ragin 2000, p.4).

---

4 퍼지셋 방법론에서 눈금매기기(calibration)는 퍼지점수표(membership scoring scheme)이다. 이는 연구자가 개발한 기준으로, 측정값을 바로 해석할 수 있도록 만든다. 자연과학에서 예를 들면 20°C는 0°에서 100° 사이에 있기 때문에 해석할 수 있는 것이다.

비교사회연구의 서술에 기반하는 다수의 명제들은 집합이론적(set theoretic) 특성을 포함하고 있는데, 이러한 명제들을 양적 연구방법을 통해 분석하는 것에는 한계가 있을 수 있다.

예를 들어, "경제 발전은 선진 복지국가발전을 위해 필수적이다"는 이론적 서술에서 선진 복지국가의 발전은 경제 발전의 부분집합이다. 다시 말하면 경제 발전은 선진 복지국가(advanced welfare state)의 필요조건이 된다. 이에 대해, Ragin은 "집합 관계가 언어적 서술을 구성한 단위"이며, 이론에서 묘사된 집합 관계는 양적연구에서는 대개 "원인변수의 순효과(net effect) 평가를 중심으로 하는, 변수들 간의 상관관계에 대한 가설"로 전환되기 때문에 이론적 담론으로부터 멀어진다고 설명하였다(Ragin 2007).

집합이론(set theory)의 인과관계를 알아보기 위하여 원인(Xi)으로 상정된 조건 혹은 속성의 소속(membership) 값은 결과(Yi)의 소속(membership) 값과 동일한 방식으로 계산될 필요가 있다(Ragin 2000). 한 조건의 값이 일관되게 결과의 값보다 높을 때 이를 필요조건이라 하고($Yi \leq Xi$) 한 조건의 값이 결과의 값보다 항상 낮을 때 이는 충분조건이다($Xi \leq Yi$). 조건이 충분조건인지 필요조건인지 가늠하기 위하여 연구자들은 위 2번 등식에 대하여 각 사례의 L(강한 노소)과 S(사민주의 정당) 조건의 퍼지점수(membership score)를 계산해야 한다. L(강한 노조)과 S(사민주의 정당) 퍼지점수(membership score)가 W(복지국가 발전)의 퍼지점수(membership score)보다 일관적으로 낮은 경우, 이 조건은 충분조건이다. 예를 들어, 복지국가로 여겨지는 8개 국가는 L(강한 노조)과 S(사민주의 정당)에 대하여 서로 다른 퍼지점수(membership score)를 받을 것이다. 만약 덴마크의 경우 L(강한 노조)이 0.7, S(사민주의 정당)가 0.5, W(복지국가 발전)가 0.8이라면, 인과관계식의 최대치는 0.7이며, 이것이 결과 점수 0.8보다 낮기 때문에 덴마크 사례는 L + S(노조가 강하거나 사민주의 정당이 있음)가 복지국가 발전의 충분조건이라는 주장을 뒷받침한다. 만약 모든 8개 국가가 일관된 결과를 보인다면($Xi \leq Yi$), L + S(노조가 강하거나 사민주의 정당이 있음) 조건은 복지국가 발전에 충분조건이다(결과조건과 원인조건의 속성점수 및 인과관계 계산에 대해서는 이후 장에서 설명한다).

크게 퍼지셋 질적비교연구의 기본 단계는 다음의 5단계로 요약할 수 있다.

(1) 이상형(ideal type)의 특성이나 원인조건을 사례에 대한 질적 분석과 기존 이론의 지식을 바탕으로 선택한다.
(2) 가능한 조건들의 결합(configurative)을 제시한다. 이때, 불리언(Boolean) 접근법을 적용하여 이를 단순화시킬 수 있다.
(3) 점수표(측정눈금(calibration))는 사례에 대한 실증적인 지식과 관련 이론을 기반으로 만들어진다. 연구자를 이를 바탕

으로 질적 기준점(break points)이 설정한다

(4) 각 조건이나 조건 결합(configurative)에 대한 각 사례의 퍼지점수(membership score)가 산출된다.

(5) 원인조건의 퍼지점수(membership score)와 필요 · 충분 조건을 가늠하기 위한 결과의 퍼지점수(membership score)가 산출하여 비교한다

3. 통합적 방법론으로서의 가능성

퍼지셋 질적방법론은 질적 방법론과 양적 방법론 각각의 한계점을 인식하고 이를 보안하고 있어 비교사회연구에서 통합적 방법론으로써의 가능성을 갖고 있다. 양적 분석의 가장 큰 제약 중 하나는 경험적 자료의 분석과 이론적 담론을 직접적으로 연결하는데 있어서의 한계인데, 변수중심적 분석은 측정될 수 있는 실증적 자료에 의존하기 때문에 다양한 해석의 가능성과 인과관계의 수많은 복합성을 감소시킨다. 더욱이 다수의 양적 분석은 변수 간 연관성을 조사하기 때문에, 위에서 설명한 바와 같이 이론에서 도출된 언어적 서술에서의 집합이론적(set theoretic) 본질을 포착하지 못한다. 그러나 퍼지셋 질적비교연구(Fs/QCA)의 질적 퍼지점수법(membership scoring)과 집합 이론(set theory)을 활용하는 조건결합중심(configurative) 전략은 연구자로 하여금 더 많은 이론적 가능성을 탐색할 수 있게 한다.

또한 퍼지셋/질적 비교연구(Fs/QCA)는 연구자로 하여금 비교를 위한 사례를 '선택'할 수 있게 하며, 이는 사례의 동질성을 가정하는 변수중심의 분석에서는 허용되지 않는 것이다. 그래서 더 높은 자유도(degrees of freedom)를 가진다는 이점이 있다.

계량연구를 활용하는 비교연구자들이 직면하는 한계점이 경험적 자료의 가용성이라면, 질적 연구의 경우 질적연구자들이 택하는 개념이 측정 불가능하거나 주관적이라는 것이 한계라고 할 수 있다. 그러나 퍼지셋 질적비교연구(Fs/QCA)의 퍼지셋 논리와 눈금매기기(calibration)는 질적 데이터의 계량화를 가능하게 하고 연구의 객관성을 높일 수 있게 한다. 인과관계를 분석하는 비교연구들의 목적은 보통 사례 내 혹은 사례 간의 다양성과 이질성을 알아보는 것인데, 앞에서 언급된 것과 같이 퍼지셋 질적비교연구(Fs/QCA)는 연구자가 자신의 지식을 바탕으로 하여 사례를 신중하게 선별할 수 있다는 점이 장점이다. 이는 퍼지셋 질적비교연구(Fs/QCA)가 상관관계 분석을 통해 "표본으로부터 모집단 특성을 추론하고자 하는 것도 아니고 인과적 추론을 하려는 것도 아니며(Ragin 2007)", 퍼지셋 질적비교연구(Fs/QCA)의 가치는 사례를 결합적이고도 총체적으로(configurationally) 해석하고 탐색하는 것에 있기 때문이다. 퍼지셋 질적비교연구(Fs/QCA)는 속성들을 결합(configuration)으로 해석함으로써 질적 비교연구의 강점을 더욱 증진시킨다. 또한 퍼지셋 논리와 눈금매기기(calibration) 원칙을 적용함으로써 이론적인 개념이 계량화

(quantification)될 수 있도록 한다.

연구자가 한 가지 흥미로운 현상에 대한 다양한 이론에 기반해 여러 가지 해석을 시도하고자 할 때 퍼지셋 질적비교연구(Fs/QCA)는 다른 비교연구 방법론 대비 강점을 가진다. 또한 사례를 총체적으로(holistically) 보고자 하는 연구자들과 복합적인 인과연쇄(causal chains)에 관심이 있는 이들에게 본 방법론이 더욱 가치가 있다고 할 수 있다. 이 방법론은 실질적이고 이론적인 지식에 대한 과학적 척도의 근거를 제시하며, 눈금매기기(calibration)와 퍼지점수(membership score)를 통해 측정이 어려운 개념들을 측정 가능하게 만든다. 하지만 퍼지셋 질적비교연구(Fs/QCA) 방법론이 모든 사회과학의 비교연구에 적합한 것은 아니다. 비교사회연구가 계속해서 다양한 방법론의 발전을 필요로 하듯 연구자는 연구의 목적에 적합한 방법론을 선택하고 하고 이를 언제 어떻게 가장 효과적으로 사용해야 할지 판단해야 할 것이다. 퍼지셋 질적비교연구(Fs/QCA)는 질적 연구와 양적 연구 사이의 모호한(fuzzy) 지대에 가려진 질문들을 탐색하고자 하는 비교연구자들이 선택할 수 있는 도구로 유용하다.

2장
퍼지셋 질적비교연구방법의 개요

앞서 1장의 퍼지셋 질적비교연구방법에 대한 이론적 설명에 이어 2장에서는 퍼지셋 질적비교연구방법의 주요한 내용들을 알기 쉽게 요약하였다. 특히 비교연구방법에서의 집합이론, 눈금매기기 그리고 필요조건 및 충분조건으로 설명되는 상관관계에 대하여 설명한다.

1. 퍼지셋 질적비교연구란 무엇인가?

1) 퍼지셋 질적비교연구는 질적분석과 양적분석을 통합하려는 시도이다

퍼지셋 질적비교연구의 많은 측면들은 질적분석과 같이 사례에 대한 많은 지식과 깊은 이해를 필요로 한다. 동시에 퍼지셋 질적비교연구에서는 보통 양적분석의 영역으로 여겨져 온 사례 간의 결정적인 인과관계를 분석하는 것 또한 가능하다. 또한 사례 간 관계를 밝히는 데 있어서 퍼지셋 질적비교연구의 경우, 한 개 이상의 속성들이 결합된 총체로써의 사례를 비교함으로써 인과적으로 관련 있는 조건들의 맥락을 이해하는 데 관심을 갖는다. 즉 질적분석과 같이 사례의 다양성과 이질성을 존중한다.

2) 퍼지셋 질적비교연구는 인과적 복잡성을 분석하는 데 강력한 도구를 제공한다

퍼지셋 질적비교연구를 통해 연구자는 매우 복잡한 인과관계를 밝히거나, 같은 결과를 야기할 수 있는 원인조건들이 서로 다를 수 있다는 것을 인정한다. 다시 말해 복지국가의 발전을 설명하는데 있어 결정변수를 밝히기보다는 다양한 경로가 있을 수 있다는 것에 초점을 맞춘다. 또한 여러 조건들이 결합되어 어떻게 결과에 영향을 미치는지 알아보는 인과적 복잡성을 분석하는 데 강점을 갖는다. 이러한 점은 전통적인 사회과학에서 양적 연구에서 자주 볼 수 있는 '순효과(net effect)'에 대한 초점과 대조된다고 이해될 수 있다.

3) 퍼지셋 질적비교연구는 소수 사례에서부터 중간 수준의 사례 연구 설계에 이상적이다

퍼지셋 질적비교연구는 사례 수가 적은 연구나 중간 수준의 사례 연구에 유용하게 적용할 수 있다. 물론, 최근에는 퍼지셋 질적비교연구가 수백 또는 수천 개의 사례를 대상으로 하는 연구에도 적용되고 있다. 이 경우 퍼지셋 질적비교연구를 적용하는 데 있어 몇 가지 방법론적 조정이 필요하기도 하지만 인과적 복잡성을 분석하는 데 있어서의 이점은 여전히 남아 있다.

4) 퍼지셋 질적비교연구는 집합이론을 활용하여 인과관계를 설명한다

퍼지셋 질적비교연구는 상관관계가 아닌 집합이론을 활용하여 인과관계를 설명한다. 보통 사회과학의 이론들을 언어로 표현할 때 이러한 언어적인 공식들은 본질적으로 집합이론적이기 때문에 퍼지셋 질적비교연구는 전통적인 양적 방법들보다 사회과학의 이론과 더 밀접한 연관성을 갖는다. 예를 들어 다음의 사회과학의 명제들은 집합이론을 통해 설명하는 것이 양적분석의 상관관계를 통해 인과관계를 설명하는 것보다 적합하다고 볼 수 있다.

(1) 전문직 종사자들은 고학력이다.

(전문직 종사자들은 고학력을 가진 사람들의 부분집합이다)

(2) 민주주의 국가의 실현을 위해서는 적어도 어느 정도의 경제성장이 필요하다.

(민주주의 국가들은 적어도 중간 수준 이상의 경제성장을 이룬 국가들의 부분집합이다)

(3) 엘리트그룹의 중개역할은 성공적인 민주화의 핵심이다.

(성공적으로 민주화를 이룬 국가들은 중개 역할을 한 엘리트 그룹이 있는 국가들의 부분집합이다).

(4) **"중산층(부르주아)이 없다면, 민주주의도 없다"**(Barrington Moore, Jr.).

(중산층은 민주주의 발전을 위한 필요조건 중 하나이다)

즉, 위와 같이 특정 집합관계가 존재할 때 필요조건 또는 충분조건으로 설명될 수 있는 인과관계를 이해할 수 있어야 한다. 결과가 원인조건의 부분집합인 경우, 원인조건은 결과조건의 필요조건이 되며, 원인조건이 결과의 부분 집합인 경우 반대로 충분조건이 된다. 이러한 집합 이론적 접근 방법들은 인과적 복잡성을 분석하는 데 매우 적합하다. 다시 말하지만 사회과학의 명제들, 특히 변수 간 관계에 대해 실증적 일반화를 하는 경우도 사실 집합이론과 밀접한 관계가 있음에도 불구하고 상관관계를 통해 인과관계를 밝히는 실증연구는 이러한 사회과학의 이론적 속성을 충분히 반영시키지 못한다는 한계가 있다.

2. 퍼지셋 질적비교연구방법에서의 인과관계

1) 양적분석에서의 상관관계 분석

상관관계 분석은 전통적인 사회과학 양적방법론의 핵심이라고

표 2.1 원인과 결과의 존재 여부

	원인이 부재	원인이 존재
결과가 존재	이 셀에 속하는 사례들은 error에 기여함(#1)	많은 사례들이 이 셀에 속해야 함(#2)
결과가 부재	많은 사례들이 이 셀에 속해야 함(#3)	이 셀에 속하는 사례들은 error에 기여함(#4)

할 수 있다. 주 원리는 두 일련의 조건(변수)들이 연구 대상이 되는 사례들에서 어떻게 서로 대응되며 상관관계를 갖는지 분석하는 것이다. 가장 간단한 형태로 원인의 실재·부재와 결과의 실재·부재라는 2개의 축을 가지고 2×2 표를 만들면 〈표 2.1〉과 같다.

상관관계의 경우, 가능한 많은 사례들이 셀 #2와 #3에 속하고, 가능한 적은 사례가 셀 #1와 #4에 속할 때 인과관계가 강력하게 설명될 수 있다. 즉, 상관관계를 통해 인과관계를 설명하는 경우, 원인과 결과 조건의 유무는 완벽히 대응되어야 한다. 그러나 집합이론을 통해 상관관계를 설명하는 경우 이러한 원인과 결과 조건의 대응 여부에서 확연한 차이를 가지게 된다.

2) 집합이론과 상관관계

상관관계를 통한 인과관계의 설명은 경험적 자료들 사이에서 어떠한 경향성을 서술하는 것이라고 할 수 있다. 예를 들어 〈표 2.2〉

표 2.2 기업의 생존과 조직구조

	조직 구조 A	조직구조 B
생존한 기업	8	11
실패한 기업	16	5

표 2.3 기업의 생존과 조직구조

	조직 구조 A	조직구조 B
생존한 기업	18	16
실패한 기업	6	0

의 경우, B 조직구조가 A 조직구조보다 기업의 생존에 기여하는 경향이 있다고 설명될 수 있는 것이다.

그러나 〈표 2.3〉의 경우 B조직구조를 가진 모든 기업들이 생존하였다. 즉 B조직구조를 가진 기업들은 생존한 기업들의 부분집합이 된다. 〈표 2.2〉의 경우는 상관관계를 통한 인과관계가 설명력을 가질 수 있지만, 〈표 2.3〉은 집합이론을 바탕으로 인과관계를 설명하는 것이다.

이와 같이 필요조건과 충분조건을 분석하고자 하는 경우 집합이론적 관계를 다뤄야만 하며 이러한 필요조건과 충분조건의 분석은 상관관계를 밝히는 양적 분석방법으로는 탐색하기 어렵다. 아래의 표들(〈표 2.4〉 및 〈표2.5〉)을 양적분석에서의 상관관계

표 2.4 필요조건의 원인과 결과 존재 여부

원인이 필요조건이나 충분조건은 아니다		
	원인 부재	원인 존재
결과 존재	사례 없음	사례들은 이곳에 속함
결과 부재	관련 없음	관련 없음

표 2.5 충분조건의 원인과 결과 존재 여부

원인이 충분조건이나 필요조건은 아니다		
	원인 부재	원인 존재
결과 존재	관련 없음	사례들은 이곳에 속함
결과 부재	관련 없음	사례 없음

표와 비교하면, 원인조건과 결과조건의 유무가 필요조건인 경우와 충분조건인 경우가 모두 다르다.

3) 필요조건(충분조건은 아닌 경우)

앞서 설명한 집합관계를 이해하기 위해 먼저 원인조건과 결과조건을 단순한 진리표로 표현하면 다음과 같다. 〈표 2.6〉은 특히 원인조건이 결과조건의 필요조건이 되는 경우의 진리표이다. 여기서 0과 1은 각각 조건(혹은 변수)의 부재 및 존재를 의미한다.

표 2.6 필수조건 진리표

원인	결과
1	1
1	0
0	0

위를 부등식으로 표현하면 결과 값은 원인 값보다 작거나 같아야 한다.

$$(\text{결과 값}) \leq (\text{원인 값})$$

구체적으로 필요조건을 분석하는 연구를 실시할 때, 연구자는 먼저 결과조건(혹은 종속변수)를 선택하고 결과조건들이 공통적으로 원인조건과 어떤 관계성을 보이는지 확인한다. 이때 원인조건들은 결과조건과의 관계에 있어 가능한 한 상이성이 적은 것이 좋다. 즉, 결과조건이 존재할 때 무조건적으로 원인조건이 존재해야 원인조건이 결과조건의 필요조건이 되는데, 이때 결과조건과 상응하는 원인조건들이 서로 다른 다수의 조건들이 되지 않도록 한다. 이러한 전략은 사실 대부분의 질적연구가 갖는 핵심적 특성이기도 하다.

4) 충분조건(필요조건은 아닌 경우)

다음은 원인조건이 결과조건이 충분조건이 되는 경우의 진리표이다. 마찬가지로 0과 1은 각각 조건(혹은 변수)의 부재 및 존재를 의미한다.

표 2.7 충분조건 진리표

원인	결과
1	1
0	1
0	0

위를 부등식으로 표현하면 결과 값은 원인 값보다 크거나 같아야 한다.

(원인 값) ≤ (결과 값)

이 경우 원인조건들을 먼저 찾고(즉, 독립 변수를 선택하고), 원인조건들이 공통적으로 결과조건과 어떤 관계성을 보이는지 확인한다. 이때 마찬가지로 원인조건과 상응하는 결과조건들이 서로 다른 여러 개의 조건들이 되지 않도록 주의한다.

5) 부분집합의 일치성(consistency) 측정

고전적 집합이론에서 부분집합 관계(crisp subset relation)의 일치성은 간단하게 측정될 수 있다. 원인조건과 결과조건이 모두를 존재하는 사례들의 숫자(셀 #2)를 원인조건을 가지고 있는 사례들의 수(셀 #2와 셀 #4의 합)로 나눈다. 즉 2번째 열의 사례들만 부분집합 관계의 일치성을 평가하는 활용된다. 예를 들어 〈표 2.8〉에 따르면, 조직구조 B는 기업 생존의 충분조건이 되고 이때 부분집합의 일치성은 0.875이다: 14/(2+14)=14/16=0.875

표 2.8 기업의 생존과 조직구조

	조직구조 A	조직구조 B
생존한 기업	13	14
실패한 기업	11	2

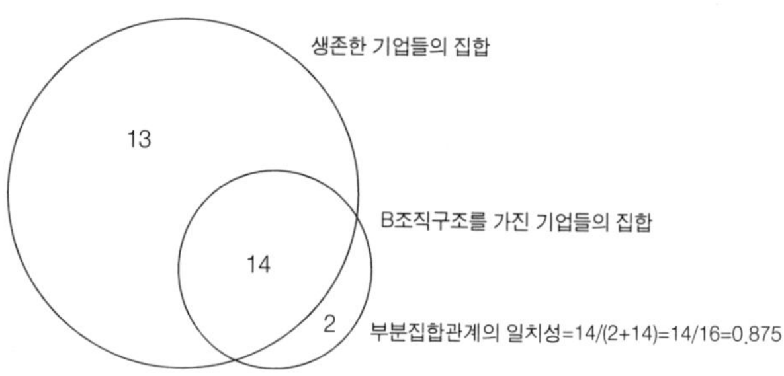

그림 2.1 부분집합관계의 일치성 정도

〈그림 2.1〉의 벤다이어그램은 위와 같은 경우의(부분집합이지만 완전한 일치성을 가지지는 않는 경우) 예를 잘 표현해 주고 있다.

6) 부분집합의 포괄성(Coverage) 측정

일단 부분집합이 위와 같이 어느 정도의 일치성을 갖는다고 판단되면 그 다음은 집합 간의 포괄성을 살펴보아야 한다. 포괄성을 계산하기 위해서는 원인조건과 그 결과조건이 모두 있는 사례의 수(셀 #2)를 전체 결과조건들의 사례 수(셀 #1 + 셀 #2)로 나누면 된다. 즉, 포괄성이란 결과조건이 존재하는 사례들의 어느 정도가 원인조건에 의해 설명될 수 있는지, 또는 결과조건이 존재하는 사례들에서 원인조건은 어느 정도도 빈번하게 존재하는지를 나타

표 2.8 기업의 생존과 조직구조 ③

	조직구조 A	조직구조 B
생존한 기업	13	14
실패한 기업	11	2

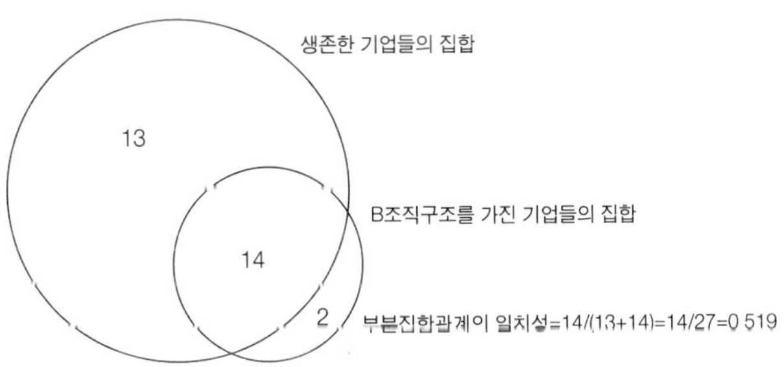

그림 2.2 부분집합관계의 포괄성 정도

내어 준다: 14/(13+14)=14/27=0.519

부분집합의 포괄성을 분석하는 데는 첫 번째 열의 사례들만 활용한다. 즉, 주요하게 고려되는 것은 하위 부분집합이 그보다 큰 집합을 얼만큼 포괄하고 있는지를 살펴보는 것이다. 〈그림 2.2〉의 벤다이어그램은 위와 같은 경우의(부분집합이지만 완전한 포괄성을 가지지는 않는 경우) 예를 잘 표현해 주고 있다.

2×2 집합 표의 셀 #1과 셀 #4에 속하는 사례들을 오류라고 보았던 것과 같이, 전통적인 양적 분석에서는 인과관계를 표현하는 그래프의 우측 하단 삼각형 부분이나 좌측 상단의 삼각형 부분에 있는 사례들은 '오류(error)'로 간주한다. 그러나 퍼지셋 질적비교연구에서는, 그래프의 상단 및 하단 부분에 자리하는 사례들을 양적 분석과 다르게 해석할 수 있다. 〈그림 2.3〉의 그래프는 원

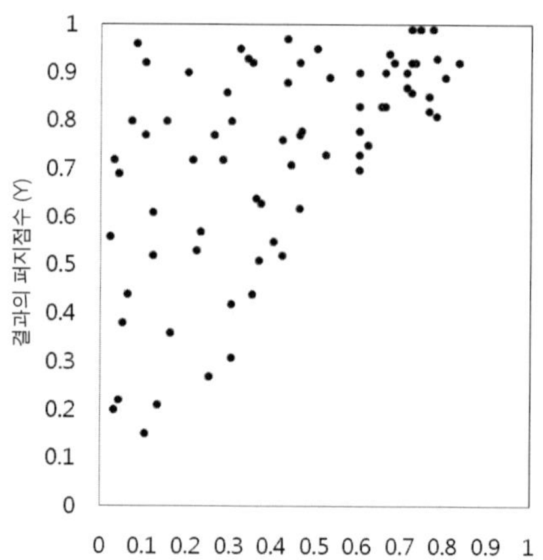

그림 2.3 충분조건의 퍼지 부분집합 관계

인조건이 결과조건의 충분조건이 되는 관계를 나타낸다. 아래의 사례들은, 각 사례의 원인조건과 결과조건에 해당되는 퍼지점수를 비교했을 때 결과조건의 퍼지점수들이 원인조건의 퍼지점수보다 크거나 같은 경우이다(X ≤ Y : 원인조건은 결과조건의 부분집합이다). 다시 말해, X는 Y의 충분조건이 된다는 주장을 뒷받침하는 그래프이다.

즉, 좌측 상단에 보이는 사례들은 전통적인 양적 분석의 경우와 달리 오류로 간주되지 않는다. 오히려, 이들 사례들이 결과조건에 해당되는 집합에서 높은 퍼지점수를 가지고 있다는 것을 의미한다. X는 Y의 부분집합이고(즉, X는 Y를 인과적으로 결과시키는 몇 가지 방식들 중의 하나이다), X는 없지만 Y는 포함하고 있는 사례들(즉, Y에 높은 소속을 가지면서 X에는 낮은 소속을 갖는 사례들)이 존재한다는 것을 나타낸다.

〈그림 2.4〉의 그래프에서 우측 하단에 사례들이 위치하는데, 이러한 경우는 원인조건과 관련해서는 높은 소속을 가지면서 결과조건에 대해서는 낮은 소속점수를 가지는 것으로 앞서 설명한 그래프와 같이 X가 Y의 하위집합이라는 주장은 증명되기 힘들다. 이렇게 사례들이 우측 하단에 위치하는 경우는 사례들의 원인조건의 퍼지점수가 결과조건의 퍼지점수보다 큰 경우이다(X ≥ Y : 원인조건은 결과조건의 상위 집합이다). 다시 말해, 〈그림 2.4〉의 경우, X는 Y의 필요조건이 된다는 주장을 뒷받침하는 그래프이다.

즉, 우측 하단에 보이는 사례들은 전통적인 양적 분석에서 보

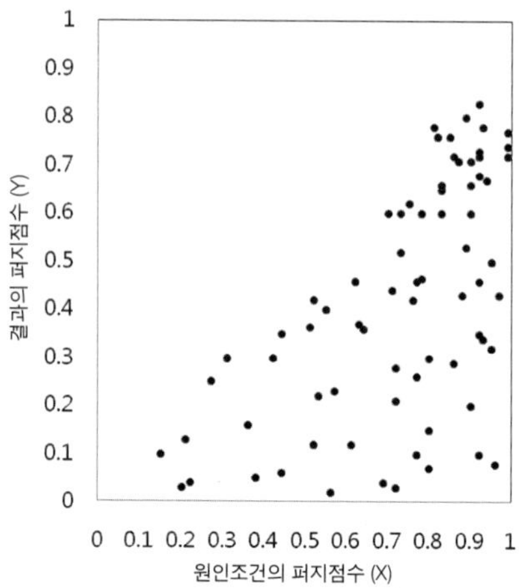

그림 2.4 필요조건의 퍼지 부분집합 관계

는 것처럼 오류가 아니다. 오히려, 사례들이 원인조건에 대해서는 높은 소속점수를 가지나 결과조건에는 낮은 소속점수를 갖는다는 것을 나타내 이러한 양상은 Y가 X의 부분집합이라는 것을 보여준다. 다시 말해, 조건 X는 Y가 발생되기 위해서 반드시 존재해야 하지만, X가 스스로 Y를 만들지는 못한다. 그러므로, Y는 부재하지만 X는 존재하는 사례들(즉, X에 높은 소속점수를 가지면서 Y에 낮은 소속점수를 갖는 사례들)이 있을 수 있다는 것이다.

7) 퍼지셋과 눈금매기기

퍼지셋 이론의 적용을 통해 집합에의 소속되고 소속되지 않음을 이분적으로 나누는 일반 집합이론과 달리 "완전히 소속"과 "완전히 소속되지 않음” 사이에 눈금매기기를 통해 질적 데이터의 계량화가 가능하고, 연구의 객관성을 높일 수 있다. 일반적으로 양적 연구에서 사용하는 변수를 퍼지 변수로 바꾸기 위해서, 또는 연구 대상이 되는 어떠한 개념을 비교 가능한 계량적 데이터로 변환하기 위해 눈금매기기의 과정이 필요한데 이 과정을 거치면 질적 개념은 경험적 자료로써 비교 가능하게 된다. 또한 양적 변수는 질적 판단이 포함된 자료로 변환되게 된다. 대부분의 사회과학자들은 연구자의 질적 판단이 내포된 눈금매기기를 통해 얻은 값을 사용하지 않는 경향이 있는데, 이 경우 각 값은 단순히 한 사례가 다른 사례들과 비교해 어느 위치에 있는지를 나타낼 뿐이며, 정성적 판단의 대상이 되지 않는다. 예를 들어, 국가들의 민주주의 수준을 분석하기 위해 사용되는 데이터를 눈금매매기를 통해 퍼지점수로 변환하지 않는 경우, 연구자는 각 값을 통해 한 국가가 다른 국가에 비해 민주적이거나 혹은 평균보다 더 민주적이라는 정보를 얻을 수는 있으나, 연구자가 설정한 기준에 따라 “완전히 민주적”이거나 “완전히 독재적”인 국가인지는 알 수가 없다.

퍼지셋 소속점수에 대한 기본 개념을 정리하면 다음과 같다.

(1) 집합의 퍼지점수(예를 들어, 발전된 복지국가라는 집합)는 0에서 1까지 점수를 매길 수 있다. 이때 0은 집합에 완전히 소속되지 않는 것(후진적 복지국가 또는 전혀 발전된 복지국가가 아님)을, 1은 완전히 소속되는 것(완전히 발전된 복지국가)을 가리키는데, 이를 통해 정확도를 높일 수 있다.

(2) 퍼지셋은 질적이면서 동시에 양적이다. 완전한 소속과 완전한 비소속이란 것은 질적 정보이다. 이 두 가지 질적인 판단 사이에서, 소속의 정도(degrees)가 존재한다.

(3) 퍼지셋은 유의미한 차이와 무의미한 차이를 구분한다. 예를 들어, 경제성장을 변수로 분석을 실시할 때, 1인당 국민소득이 3만 5천불인 국가와 4만불인 국가 간의 차이는 연구문제에 따라 무의미할 수 있는 것이다. 이런 경우, 3만 5천불 이상인 국가는 동일하게 선진국가로 점수매기기를 할 수 있는 것이다.

(4) 퍼지셋은 사례들을 변수들로 분해하지 않고, 총체로써의 사례가 각 조건(또는 속성)에 해당되는 집합에의 소속 정도에 관심을 갖기 때문에 사례중심적이다.

3장
Fs/QCA 2.5 소프트웨어 사용 매뉴얼[5]

Fs/QCA 2.5 소프트웨어는 퍼지셋 질적비교연구방법(Fs/QCA) 또는 질적비교연구방법(QCA)을 사용하는 연구자의 80% 이상이 사용할 정도로 퍼지셋 질적비교연구 관련해 현재 가장 인기 있는 소프트웨어 패키지이다. Fs/QCA 2.5는 Charles Ragin, Sean Davey 및 Kriss Drass에 의해 개발되었으며, 소프트웨어는 다음의 주소에서 무료로 다운받을 수 있다(http://www.u.arizona.edu/~cragin/fsQCA/software.shtml).

이 장에서는 퍼지셋 질적비교연구 분석을 위한 Fs/QCA 2.5 소프트웨어 사용방법에 대한 설명이다.

5 이 장의 fs/QCA 2.5 소프트웨어 사용 매뉴얼은 User's guide to Fuzzy-set/Qualitative Comparative Analysis(2008)를 바탕으로 작성되었다.

1. 데이터 파일

A) 데이터 파일 열기

➢ fsQCA 소프트웨어를 열면 다음과 같은 창이 나타난다.

➢ 메뉴에서 다음을 선택한다.

File

Open

Data…

➢ Open File 대화상자에서 열고자 하는 파일을 선택한다.

➢ Open을 클릭한다.

B) 다양한 유형의 데이터 파일 열기

여러 유형의 데이터 파일이 있을 수 있고, 이 소프트웨어는 아래 유형의 파일을 다룰 수 있도록 설계되었다.

- QCA(*.qdm, *.qvn) 이 데이터 유형에서 .QDM이 데이터 파일, .QVN이 변수이름 목록 파일이고 데이터가

QCA 3.0(DOS) 소프트웨어에 입력되어 있을 때 제공된다. 일반집합(crisp-set) 데이터에 한하여 이 유형으로 입력되거나 저장될 수 있다.

- Comma separated(*.csv) 엑셀과 다른 스프레드시트 소프트웨어에서 제공하는 형식으로 쉼표로 몇 가지 필드를 구분한 파일이다.
- Space separated(*.txt) WORD나 다른 워드프로세서 소프트웨어에서 제공되고 텍스트로만 저장되는 띄어쓰기로 몇 가지 필드를 구분한 파일이다.
- Tab separated(*.dat) SPSS와 다른 통계 소프트웨어 패키지에서 제공되는 형식으로 탭으로 몇 가지 필드를 구분한 파일이다.

이 중에서 *.csv(Excel)과 *.dat(SPSS)가 권장되는 유형이다.

fsQCA 소프트웨어는 *.csv, *.dat와 *.txt 데이터 파일의 구성에 대해 다음과 같은 사항을 전제하고 있다. 첫째, 스프레드시트의 첫 번째 행에 있는 셀이 각 열에 대한 변수 이름이라고 가정한다. 둘째, 스프레드시트의 두 번째 행부터 데이터가 시작되고 각 사례는 하나의 행에 해당된다고 가정한다. 마지막으로, 각 열마다 같은 유형의 데이터를 갖는다고 가정한다. 데이터 유형은 각 열별로 다양할 수 있지만 각각의 열 내에서는 같은 유형의 데이터를 가져야 한다. 변수(속성) 이름은 구두점(punctuation)이나 빈칸(space)을 포함하지 않고 오직 글자와 숫자로만 이루어져야 한다. 예를 들어, "GNP1990"은 변수 이름으로 사용할 수 있지만 "GNP_1990"과 "GNP-1990"은 사용할 수 없다.

➢ 엑셀에서 만들어진 데이터 저장 및 열기

  엑셀 파일을 CSV(comma delimited) 유형으로 저장한다. 스프레드시트의 첫 번째 행은 반드시 변수 이름이어야 한다. fsQCA 소프트웨어에서 연다.

➢ SPSS에서 만들어진 데이터 저장 및 열기

  SPSS 파일을 DAT(tab delimited) 형식으로 저장한다. SPSS에서 "스프레드시트에 변수 이름 쓰기" 여부를 확인할 것이다. 이 옵션에 체크한다.

➢ Word/Notepad에서 만들어진 데이터 저장 및 열기

  띄어쓰기로 몇 가지 필드를 구분한 형식의 이 파일을 연다. 첫 번째 줄은 띄어쓰기로 구분된 변수 이름이어야 한다. 파일을 TXT(Text only), TXT(Text with Line Breaks), TXT(MS-DOS), 또는 TXT(MS-DOS with Line Breaks) 형식으로 저장한다. fsQCA 소프트웨어에서 연다.

➢ 기타 프로그램/형식으로 된 데이터 저장 및 열기

  STAT TRANSFER(버전 6 이상)를 이용하여 다양한 유형으

로 된 데이터를 CSV(comma separated) 유형으로 바꿀 수 있다. fsQCA 소프트웨어에서 연다.

프로그램	파일 확장자
SAS for Windows and OS/2	SD2
SAS for Unix	SSD*
엑셀	XLS
SPSS Portable Files	POR
Stata	DTA
Statistica	STA

C) 파일 저장 옵션

➢ 메뉴에서 다음을 선택한다.

File

Save…

➢ 변경된 데이터가 같은 이름과 저장 위치로 덮어쓰기 된다.

➢ 덮어쓰지 않고 새로운 데이터 파일이나 새로운 유형으로 저장하려면, 메뉴에서 다음을 선택한다.

File

Save As…

➢ 목록에서 파일 유형을 선택한다.

➢ 새로운 데이터 파일의 이름을 입력한다. 파일 유형으로 *.csv 혹은 *.dat가 권장된다.

D) 다른 프로그램에서 fsQCA 데이터 열기

fsQCA 프로그램에서 데이터를 가지고 선차적 분석을 실행한 후에 fsQCA 소프트웨어에서 데이터를 편집하거나, 사용자에게 좀 더 친숙한 소프트웨어 패키지(SPSS 혹은 엑셀)에서 데이터를 편집할 수 있다. 또한 fsQCA 프로그램에서 데이터를 그림으로 나타내거나, 보다 정교한 그래프를 얻기 위해 SPSS나 엑셀을 사용할 수 있다. SPSS나 엑셀로 이 작업을 진행하려면 fsQCA 파일을 저장한 후 선택한 프로그램 형식으로 변환해야 한다.

엑셀

➢ 엑셀에서 fsQCA 데이터를 열려면 fsQCA 데이터 스프레드시트를 CSV(*.csv) 형식으로 저장해야 한다. fsQCA 데이터 파일의 문자열 변수에는 띄어쓰기가 없어야 한다.

➢ 엑셀에서 다음을 선택한다.

File

Open….

➢ 저장한 fsQCA 파일을 연다.

➢ 이제 엑셀에서 데이터를 편집하고 그래프로 나타낼 수 있다.

➢ 엑셀 파일을 다시 fsQCA로 변환하고자 할 경우에는 앞을 참고한다.

2. 데이터 편집

A) 데이터 입력

➢ 메뉴에서 다음을 선택한다.

File

New…

➢ Add New Variables 창이 열린다.

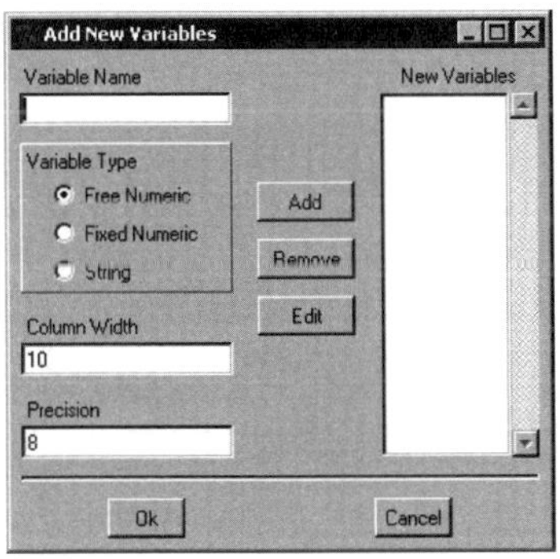

➢ 변수 이름을 입력한다. 이때 다음과 같은 규칙을 지켜야 한다.

- 변수 이름은 알파벳 15자를 넘을 수 없다.
- 각 변수 이름은 한 번씩만 사용할 수 있고 중복된 이름은 사용할 수 없다.
- 변수명 입력시 알파벳 대문자와 소문자가 구별되어 인식되지 못한다. 예를 들어 NEWVAR, NewVAR, newvar 모두 같은 사례로 인식된다.
- 변수 이름에는 띄어쓰기나 기호 등이 포함될 수 없다.

- 오직 숫자와 문자만(0-9, a-Z) 사용할 수 있다.

➢ 세 가지 변수 유형 중에서 하나를 선택한다. 새로운 모든 변수는 일단 free numeric으로 설정되어 있는데 아래의 세 가지 옵션 중 하나를 클릭하여 변수 유형을 바꿀 수 있다. 사용 가능한 데이터 유형은 다음과 같다.

  - Free numeric : 이 유형으로 입력될 데이터는 원하는 만큼의 소수점 이하의 모든 수가 입력 가능하여 정밀도를 높일 수 있다.
  - Fixed numeric : 이 유형의 데이터는 표시된 숫자만큼의 소수점 자릿수만 가질 수 있다.
  - 문자열

➢ Column width 옵션은 데이터 시트 열의 너비를 결정한다.

➢ Level of precision에서 옵션에서는 소수점 자릿수를 설정할 수 있다.

➢ Add 버튼을 클릭하여 New Variable List에 변수를 추가한다.

➢ 새로운 변수를 추가하는 것 외에도, 이미 New Variable List에 추가된 변수 중에 삭제하고자 하는 변수를 선택하고 Remove 버튼을 클릭하면 해당 변수를 삭제할 수 있다. 마찬가지로 만약 New Variable List에 포함되어 있는 변수의 유형, 열 너비 혹은 소수점을 바꾸고 싶으면, 해당 변수를 선택하고 Edit 버튼을 클릭하면 변경할 수 있다.

➢ 모든 변수를 입력한 후 Ok 버튼을 클릭하면 새로운 창이 열

리고 데이터 set에 포함될 사례수를 입력하는 창이 나온다.

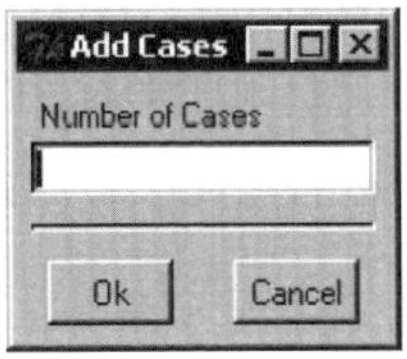

Note: 일반적으로 fsQCA 소프트웨어는 많은 수의 사례를 다룰 수 있지만, 중요한 장점은 원인 변수의 조합을 다룰 수 있다는 것이다. 그러므로 많은 변수를 추가하는 것이 더 많은 사례를 추가하는 것보다 계산 및 해석에 큰 영향을 끼친다. 가능한 조합의 수는, 원인조건(의 개수가 k일 때 2^k 개이다. 경험적으로 10개나(즉 1024개의 조합) 그보다 적은 수의 조건은 문제가 되지 않지만 10개를 초과하는 조건을 다룰 때는 프로그램 분석 시간이 길어지게 된다.

➢ 분석하고자 하는 데이터의 사례 수를 입력하고, Ok 버튼을 클릭하면 데이터시트가 열린다.

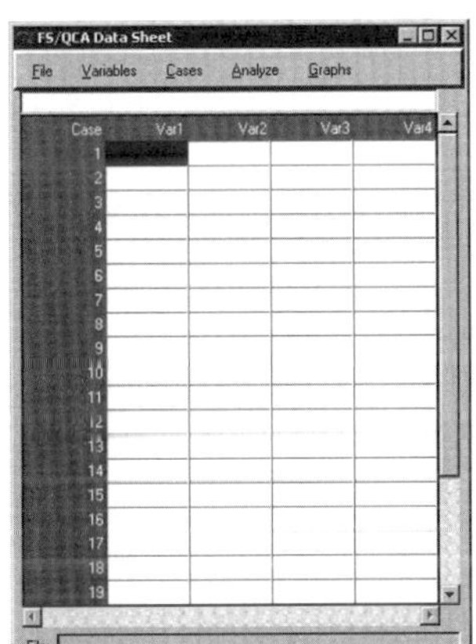

➢ 데이터 값 입력. 다양한 방식으로 데이터를 입력할 수 있다. 선택한 영역이나 각각의 셀에 사례별 또는 변수별로 데이터를 입력할 수 있다. 선택된 셀은 짙은 색으로 표시된다. 셀을 선택하고 데이터 값을 입력할 때, 데이터 값이 메뉴 아래에 있는 셀 편집기에 나타난다. 값은 숫자나 문자열이 될 수 있다. 입력한 값은 Enter키를 누르면 기록된다.

➢ 데이터시트에 입력한 정보가 손실되지 않도록 창을 닫기 전에 반드시 저장하도록 한다.

B) 데이터 편집

변수 추가 및 삭제

➢ 기존의 데이터시트에 변수를 추가(add variables)하려면 다음을 선택한다.

Variables

Add…

➢ 변수 이름과 구체적인 내용을 입력한 후 Add 버튼을 누른다.

➢ 데이터 시트에서 기존에 있던 변수를 삭제(delete existing variables)하려면 다음을 선택한다.

Variables

Delete…

➢ 삭제하고자 하는 변수를 선택하여 Delete Column으로 이동시키고 Ok를 클릭한다.

변수 계산

➢ 기존에 있는 변수를 이용해서 새로운 변수를 만들어 내려면 다음을 선택한다.

Variables

Compute…

➢ 다음과 같은 창이 열린다(데이터 파일에 있는 변수 이름 목록이 포함되어 있다).

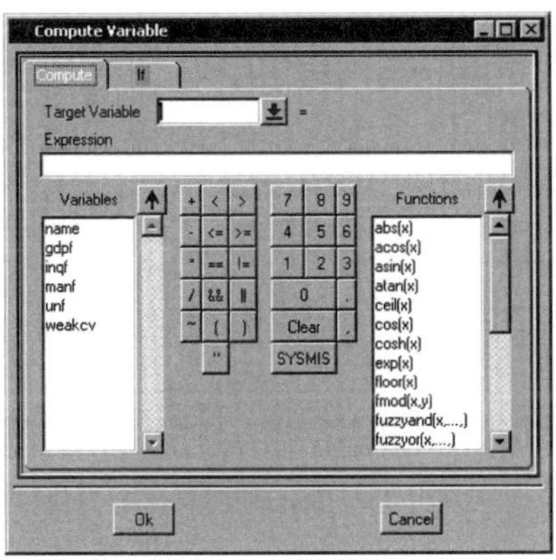

➢ 목표 변수(target variable) 옆에 새로 만들고자 하는 변수 이름을 입력한다. 실행 중인 데이터 파일에 추가될 변수는 기존에 있던 변수일 수도 있고 새로운 변수일 수도 있다. 변수 이름으로 단일 문자(예를 들면 "X")를 사용하면 함수 적용에서 오류가 생길 수 있으므로 사용하면 안 된다.

➢ 필요한 구성요소들을 Expression 필드에 붙여넣기 하거나

필드에 직접 입력하여 수식을 만든다.

변수 리코딩

데이터 변수를 리코딩(recoding)하면 데이터를 변환할 수 있다. 리코딩은 카테고리를 분리하거나 결합할 때 유용하다. 기존에 있던 변수를 리코딩할 수도 있고, 기존에 있던 변수 값을 이용해 새로운 변수를 만들 수도 있다.

(1) 동일한 변수에 리코딩하면 기존의 변수 값을 새로운 값으로 바꾸거나 기존 값의 범위를 새로운 범위로 분리할 수 있다. 숫자나 문자열로 된 변수를 리코딩할 수 있다. 하나 혹은 여러 개의 변수를 리코딩할 수 있는데 변수가 모두 같은 유형일 필요는 없다. 숫자와 문자로 된 변수를 함께 리코딩할 수 있다.

➢ 변수 값을 리코딩하기 위해 다음을 선택한다.

Variables

Recode…

➢ 다음과 같은 창이 열린다.

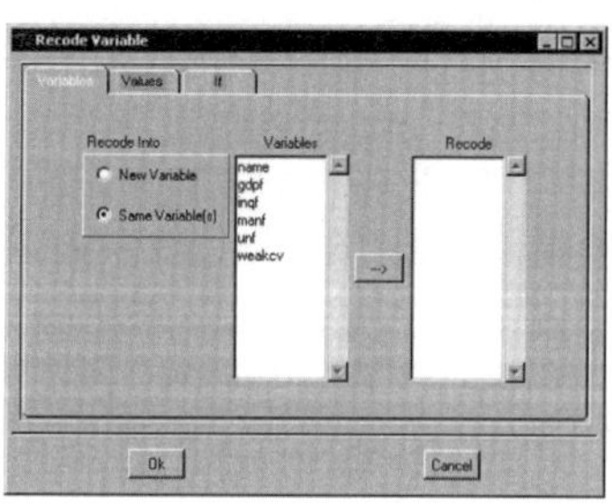

➢ Same Variable(s) 옵션을 선택한다.

➢ 리코딩하고자 하는 변수를 선택한다(숫자 혹은 문자열 변수).

➢ 선택적으로, 리코딩하고자 하는 사례의 부분 집합을 정할 수 있다. 사례의 부분 집합을 정하기 위한 If 대화상자는 Compute Variables에서 설명한 내용과 같다.

➢ 값을 구체적으로 리코딩하기 위해 Values를 클릭하면, 다음과 같은 대화 상자가 나타난다.

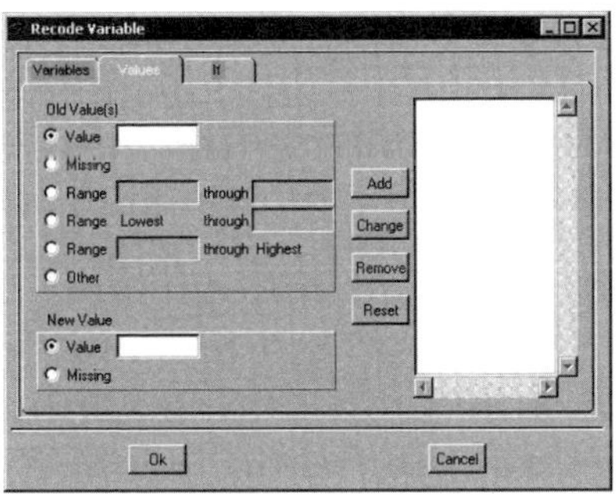

➢ 이 대화상자에서 리코딩하고자 하는 변수를 정의할 수 있다.

Old Value(s). 리코딩될 변수(들). 단일 변수, 변수의 범위, 실측된 값을 리코딩할 수 있다. 문자열로 된 변수에서는 범위 개념이 적용되지 않기 때문에 범위를 선택할 수 없다. 범위는 종료점과 범위 안에 들어가는 모든 실측값을 포함한다.

New Value. 기존의 값 혹은 값의 범위가 리코딩될 단일값을 넣는다. 값을 입력하거나 실측된 값에 값을 부여할 수 있다.

➢ 오른쪽에 있는 목록에 구체적인 내용을 추가한다. 선택적으로, 이미 입력한 구체적인 사항을 제거하거나 변경할 수 있다. Reset 버튼을 누르면 오른쪽 목록에 입력된 사항들이 모두 삭제된다.

(2) 다른 변수에 리코딩(Recode)하면 기존의 변수 값을 새로운 변수의 값으로 재분류하거나 새 변수 값의 범위로 변경할 수 있다.

- 숫자 혹은 문자열 변수를 리코딩할 수 있다.
- 숫자 변수를 문자열로 또는 문자열 변수를 숫자로 리코딩할 수 있다.

➢ 기존 변수의 값을 새 변수로 리코딩하기 위해 다음을 선택한다.

Variables

Recode

New Variable…

➢ 다음과 같은 창이 열린다.

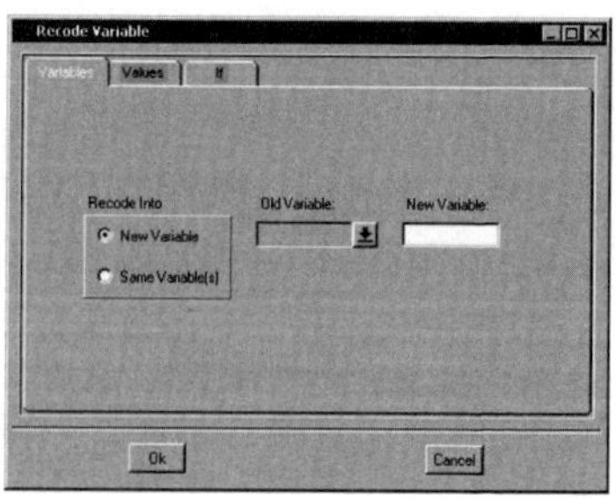

➢ 리코딩하고자 하는 변수를 필드에 직접 입력하거나 메뉴에 있는(기존) 변수 중에서 선택한다.

➢ 출력 변수(새 변수) 이름을 입력한다.

➢ Values 탭을 클릭하고 리코딩할 구체적인 내용을 입력한다.

➢ 선택적으로, 리코딩하기 위한 사례의 부분집합을 정할 수 있다. 부분집합을 정하기 위한 IF 대화상자는 Compute Variables에서 설명한 것과 같다.

퍼지셋 눈금매기기

연구자는 퍼지셋을 구성하는 세 개의 질적인 기준점에 상응하는 등간척도 변수의 값을 구체적으로 정해야 한다. 세 개의 기준점은 완전히 소속됨의 기준점(퍼지점수=0.95), 완전히 소속되지 않음의 기준점(퍼지 점수=0.05), 그리고 중간 분기점(퍼지점수=0.5)이다. 이 세 가지 기준점은 원래의 비율척도나 등간척도 값을 퍼지점수로 변환하는 데 사용된다.

➢ 메뉴에서 다음을 선택한다.

Variables

Compute….

➢ 다음과 같은 창이 열린다.

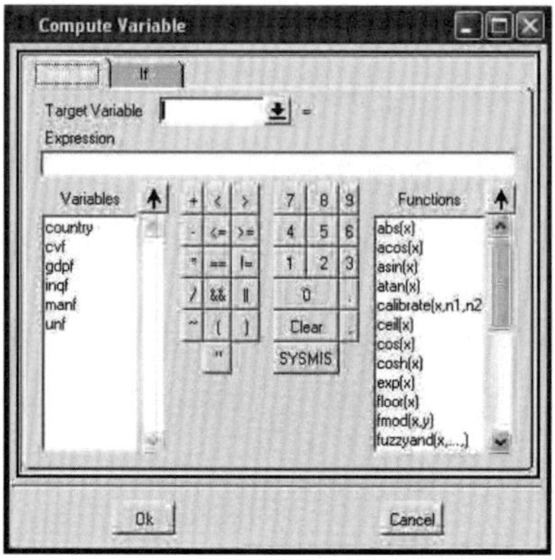

➢ 목표 변수의 이름을 정한다(띄어쓰기, -, 혹은 구두점이 없는 2-8자로 된 숫자와 알파벳을 이용한다).

➢ Functions 메뉴에서 calibrate(x, n1, n2, n3)을 클릭한다. "Functions" 단어 오른쪽에 있는 화살표를 클릭한다.

➢ 예를 들어 calibrate(,,,) 식을 "calibrate(oldvar, 25,10,2)"로 편집해 보자. 여기서 oldvar은 파일에 이미 있는 등간척도나 비율척도 변수의 이름이고, 괄호 안의 첫 번째 숫자는 목표 집합에 oldvar이 완전 속함에 해당하는 기준점에 상응하는 값(0.95), 두 번째 숫자는 목표 집합에 oldvar의 중간 분기점(속하지도 속하지 않지도 않음)에 해당하는 기준점에 상응하는 값(0.5), 세 번째 숫자는 목표 집합에 oldvar가 완전 속하지 않음의 기준점에 상응하는 값(0.05)이다.

➢ "OK"를 클릭한다.

➢ 퍼지점수가 의도한 대로 원래의 값에 상응하는지 확인하기

위해 데이터 스프레드시트를 검토한다. Pull-down 메뉴를 사용하여 변수를 오름차순 혹은 내림차순으로 정렬하는 것이 유용할 것이다. 이때 예상되는 결과는 사례들이 각 집합(변수)에 속하는 정도가 정교하게 눈금매겨진 값으로 0.0부터 1.0 사이의 점수를 갖는 것이다.

사례 추가 및 삽입

➢ 기존 데이터 시트에 사례 추가를 위해 다음을 선택한다.

Cases

Add….

➢ 다음과 같은 창이 열린다.

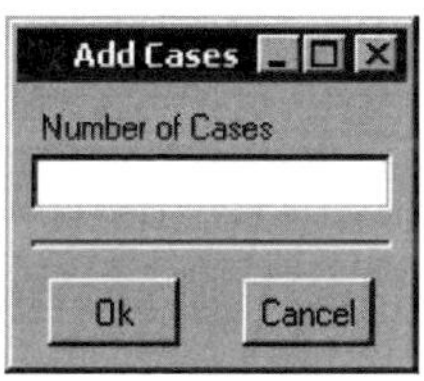

➢ 기존의 사례에 더 추가할 사례의 개수를 입력한다. 추가된 사례(들)은 데이터 set의 마지막(끝)에 나타난다.

➢ 기존 데이터 시트에 사례를 삽입(insert cases)하기 위해 다음을 선택한다.

Cases

Insert….

➢ Add 창이 열린다.

➢ 데이터시트에서 선택한(하이라이트 된) 사례 위에 삽입할 사례의 개수를 입력한다. 추가된 사례(들)은 선택한 셀(행) 위에 나타난다.

사례 삭제

➢ 기존 데이터 시트에서 하나의 사례를 삭제(delete single cases) 하기 위해 다음을 선택한다.

Cases

Delete…

➢ 다음과 같은 창이 열린다.

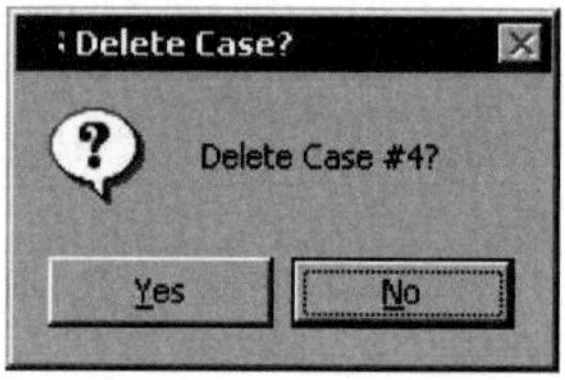

➢ 이 기능은 한 번에 하나의 사례만 삭제할 수 있다.

➢ 프로그램은, 데이터 시트에서 선택한 셀에 해당하는 사례를 삭제할 것인지 물어볼 것이다. 위에 나온 예시에서는 case #4에 해당하는 셀이 선택되어 있다.

C) 결과 해석

프로그램을 실행하면 결과가 fsQCA 소프트웨어 창에 나타난다. 스크롤 바를 이용해 분석 결과를 모두 볼 수 있다.

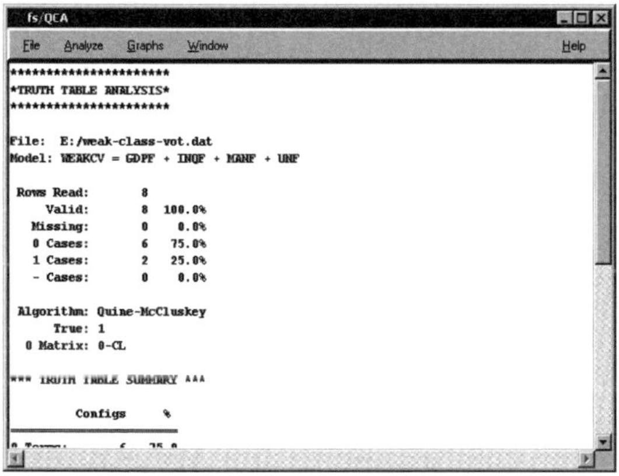

➢ 결과값 출력을 위해 다음을 선택한다.

File

Print…

➢ 사용자의 컴퓨터에서 사용 가능한 프린터 옵션 창이 나타날 것이고 여기서 출력 옵션을 선택할 수 있다.

➢ 모든 결과는 각 페이지 상단에 요일, 날짜, 시간, 쪽수와 함께 출력된다.

➢ 프로그램 간 변환을 단순하게 하기 위해 결과는 New Courier 폰트, 크기 10포인트, 줄간격 100%(monospace)로 되어 있다.

➢ 결과는 Word, Wordpad, Text나 기타 다른 파일로 복사와 붙여넣기를 할 수 있다. 또한 결과창에 텍스트나 단순한 표를 직접 삽입하는 것도 가능하다. 결과창에서 backspace 키로 삭제하거나(backspacing) 삭제하고자 하는 부분을 선택한 후 backspace키 혹은 delete키를 눌러서 결과 중 일부분을 삭제할 수 있다.

➢ 결과를 저장(save output)하기 위해서 다음을 선택한다.

File

Save As

Output….

➢ fsQCA 소프트웨어는 fsQCA Output File(*.out)이나 다른 text 형식(예를 들면, *.txt)으로 결과값을 저장할 수 있는 옵션을 제공한다.

3. 기본적인 통계와 그래프

데이터시트에서 변수 값이 "don't care(-)"로 표시되어 있을 경우에는 통계량, 히스토그램, XY 플롯을 나타낼 수 없고 막대그래프만 만들 수 있다(데이터시트에서 "don't care"로 코딩하는 것은 매우 드문 경우이고 대부분 데이터 스프레드시트에 진리표를 직접 삽입하는 경우에만 사용한다).

A) 빈도(Frequencies)

빈도 관련 기능에서는, 다양한 형식의 변수를 설명할 때 유용한 빈도 차트(frequency charts)를 제공한다.

➢ 빈도를 나타내기 위해 다음을 선택한다.

Analyze

Statistics

Frequencies…

➢ Variables 열(column)에서 하나 혹은 그 이상의 변수를 선택하고 이를 Frequcncies 열로 옮긴다. Ok를 클릭한다.

B) 기술 통계(Descriptives)

기술통계 기능을 활용하여 한 표에 몇 가지 변수에 대한 요약된 통계적 정보를 보여 줄 수 있다.

C) 교차표(Crosstabulations)

교차표 기능은 이원배치표를 만들 수 있다. 다원분할표, 통계량, 측정값 등을 얻기 위해서는 SPSS 같은 표준통계패키지를 사용하여야 한다.

D) 그래프

막대그래프

막대그래프 기능을 통해 사례 요약과 함께 간단한 막대그래프를 그릴 수 있다.

히스토그램

➢ Histogram을 만들기 위해서 다음을 선택한다.

Graphs

Fuzzy

Histogram….

XY 플롯

➢ XY 플롯을 만들기 위해 다음을 선택한다.

Graphs

Fuzzy

XY Plot….

➢ 다음과 같은 창이 열린다.

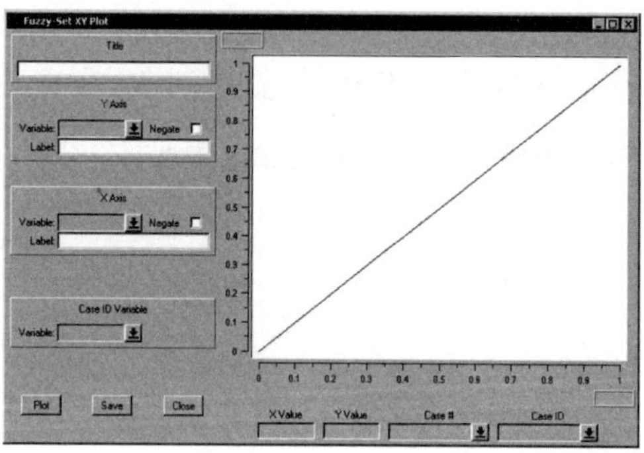

- ➢ 차트에서 X축에 나타낼 변수를 선택한다. 0부터 1까지 범위에 속하는 숫자 변수만 선택할 수 있다(예를 들면, 퍼지셋).
- ➢ 차트에서 Y축에 나타낼 변수를 선택한다. 역시 0부터 1까지 범위에 속하는 숫자 변수만 선택할 수 있다.
- ➢ 선택적으로, 그래프의 이름을 입력할 수 있는데, 그래프를 저장하고 나면 그래프 위에 이름이 나타난다.
- ➢ Case ID Variable을 선택하면 더 많은 정보를 추가할 수 있다. 이 변수는 그래프에 나타나지는 않지만 그래프에서 특정 지점을 클릭하여 그 값을 확인할 수 있다 — Case ID 값은 오른쪽 아래에 Case ID라고 써진 필드에 나타난다. 예를 들어, Case ID 변수는 데이터에 있는 국가의 이름을 가진 문자 변수일 수 있다. 플롯이 그려지면, 플롯의 모든 점을 클릭할 수 있다. 그래프 아래에 있는 Case ID 필드는 특정(선택한) 점에 해당하는 국가의 이름을 보여 준다. 필드 옆의 화살표를 클릭하면 같은 데이터 값을 가지고 있는 다른 국가들을 볼 수 있다.
- ➢ 그래프 아랫줄에서 특정 사례의 x, y 값과 각 점에 해당하는 사례 수도 볼 수 있다.
- ➢ 구체적인 내용을 입력한 후, Plot 버튼을 누르면 산점도가 나타난다.

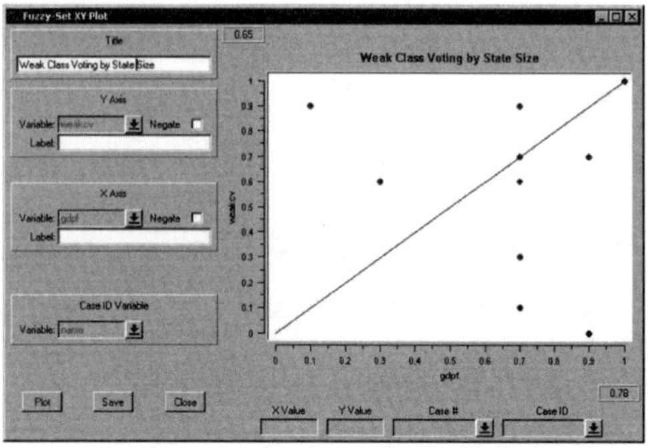

➢ 그래프의 두 코너에 있는 네모칸에 나타난 숫자는 일치성 점수(consistency scores)를 나타낸다. 오른쪽 아래 삼각형은 분산된 데이터들이 Y ≤ X(Y가 X의 부분집합)에 일치하는 정도를 보여 준다. 왼쪽 위의 삼각형은 분산된 데이터가 X ≤ Y(X가 Y의 부분집합)에 일치하는 정도를 보여 준다. 만약 이 두 가지 숫자 중 하나가 더 높은 일치성 점수를 갖는다면, 나머지 하나는 포괄성 점수를 통해 해석될 수 있다. 예를 들어, 왼쪽 위 코너의 숫자가 .91이고 오른쪽 아래 네모의 숫자가 .63이라면 이 수치는 X가 Y의 부분집합이라는 주장에 본 데이터가 더 적합하다는 것을 나타낸다.

➢ 변수 이름 옆의 Negate 옵션을 클릭하여 그래프에 있는 변수값의 여집합에 해당되는 값을 산출할 수 있다. 이 기능은 1에서 해당 변수의 퍼지셋 점수를 뺀 값이다. 예 : 법치주의= .33; n법치주의의 반대 혹은 여집합= .67. [‘~’나

'fuzzynot(x)'와 같음]

➢ 이 그래프를 출력하려면, PostScript file(*.ps)로 저장해야 한다. Save 버튼을 클릭하고 저장 옵션에서 'PostScript file'을 선택한다. PostScript 파일을 읽을 수 있는 프로그램에서 파일을 연다. Ghostview(GSview) 같은 프로그램 등이 있다. [Ghostviewer는 http://www.cs.wisc.edu/~ghost/에서 무료로 다운로드 받을 수 있음].

4. 일반집합 분석(CRISP-SET ANALYSIS)

fsQCA 소프트웨어를 활용하여 일반집합 분석도 가능하다. 일반집합의 이분법적인(예를 들어, 속함과 속하지 않음) 데이터를 활용하는 질적비교연구방법에 대한 자세한 내용은 The Comparative Method(Ragin 1987)과 Fuzzy-Set Social Science(Ragin 2000)의 5장을 참고하면 된다. 본 절에서는 Qualitative Comparative Analysis 또는 QCA라고 알려진 질적 비교연구방법에 대해 간략히 소개한다.

QCA는, 사례가 집합에 포함되거나 포함되지 않는 불리언 대수를 기반으로 하고 있고, 2진 부호 데이터를 사용하는데 1은 집합에 소속됨을 나타내고 0은 집합에 소속되지 않음을 나타낸다. 전통적인 일반집합을 사용하는 QCA는 csQCA라고도 알려져 있다. QCA에 퍼지이론을 접목시킨 방법론이 퍼지셋 질적연구방법론이기 때문에 두 방법론은 기본 개념에 차원에서 공통점이 많다.

A) 기본 개념

QCA뿐만 아니라 퍼지셋 질적비교연구방법론은 불리언 대수에 바탕을 두고 있다. 논리 대수 혹은 집합 대수라고도 알려져 있는 불리언 대수는, George Boole에 의해 19세기 중반에 개발되었다. 이러한 불리언 대수의 7가지 특성은 다음과 같이 설명될 수 있다.

1) 2진 데이터 사용

불리언 대수에는 두 가지 조건 혹은 상태가 있는데, 존재함 그리고 부재함이다. 여기서 1은 존재, 0은 부재를 의미한다. 불리언 대수을 기반으로 한 전형적인 질적비교연구는 특정 결과가 얻어질 경우, 관계되는 조건의 존재/부재를 다룬다. 그러므로 사회적 데이터의 불리언 분석에서는 독립변수와 종속변수 모두 반드시 명목척도여야 한다. 두 가지 이상의 범주를 갖는 명목척도는 몇 가지의 2진 변수로 나타낼 수 있다.

2) 불리언 부정

불리언 연산에서 부정은 멤버십 점수를 1에서 0으로, 0에서 1로 바꾼다. 예를 들어 남성 일반집합의 부정은 '남성이 아닌'의 집합이다. 만약 남성 집합에서 불리언 점수가 1이라면, '남성이 아닌' 집합에서의 불리언 점수는 0이 된다.

3) 데이터를 나타내는 진리표 사용

질적 비교연구 방법으로서 불리언 대수를 사용하기 위해서는, 원래의 데이터 행렬을 진리표로 재구성하는 작업이 필요하다. 진리표의 원리는 간단하다. 데이터가 명목척도 변수로 리코딩되고 2진 형식(1이나 0)으로 표현되면, 독립변수에 각 해당되는 값들을 진리표에 입력한다. 독립변수 값의 논리적 조합은 진리표의 한 행에 나타난다. 진리표의 이 부분이 만들어지면 각 행은 독립변수들의 조합을 나타내게 되는데, 그 다음에는 각 조합에 상응하는 결과값(종속변수의 값으로 1이나 0)을 입력하면 된다. 그러므로, 입력 값(독립변수)의 조합들과 그에 상응하는 결과 값들(종속변수)이 모두 진리표에 요약된다.

진리표는 논리적으로 가능한 원인 변수의 조합만큼의 행을 갖는다. 예를 들어 세 가지의 2진 독립 변수가 있다면 진리표는 2^3=8개의 행을 갖게 되고, 하나의 행은 세 가지 존재/부재 독립 변수의 가능한 조합에 해당한다. 세 가지 2진 독립 변수와 하나의 2진 종속 변수(1=존재, 0=부재)를 갖는 데이터의 진리표는 〈표 3.1〉에 나와 있다. 예시에서는 독자들에게 하나의 행이 하나의 사례를 의미하는 것이 아니라, 입력 값의 특정 조합(해당 행에 속하는 조합)을 갖는 모든 사례의 요약을 나타낸다는 것을 보여 주기 위해

표 3.1 의료민영화의 조건들에 대한 가설들

행정력	로비	재정	의료민영화 실행 민영화	사례 수 빈도
0	0	0	0	9
1	0	0	1	2
0	1	0	1	3
0	0	1	1	1
1	1	0	1	2
1	0	1	1	1
0	1	1	1	1
1	1	1	1	3

행정력 = 정부의 약한 행정력
로비 = 시장에서 기업의 로비
재정 = 정부 재정의 악화(재정 부족)

빈도를 포함하였다.

4) 그룹화

논리적으로 가능한 조합의 수(2^k)를 계산하는 것이 가능한 것처럼, 논리적으로 가능한 그룹의 수를 계산하는 것도 가능하다. 그룹 수를 계산하는 공식은, k가 속성의 개수일 때, 3^k-1 이다($3^3-1=26$). 〈표 3.2〉는 〈표 3.1〉에 나온 세 가지의 이진수에서 가능한 26가지의 그룹을 보여 주고 있다. 26가지 그룹 중 8가지는 세 가지 속성으로 이루어진 조합이고 12가지는 두 가지 속성, 나머지 6가지 그룹은 하나의 속성으로 이루어진 그룹이다.

표 3.2 세 가지 방식으로 그룹화(표 3.1을 정리)

세 가지 속성으로 이루어진 조합 (8)	두 가지 속성으로 이루어진 조합 (12)	한 가지 속성으로 이루어진 조합 (6)
행정력 · 로비 · 재정	행정력 · 로비	행정력
행정력 · 로비 · ~재정	행정력 · ~로비	~행정력
행정력 · ~로비 · 재정	~행정력 · ~로비	로비
행정력 · ~로비 · ~재정	~행정력 · 로비	~로비
~행정력 · 로비 · 재정	행정력 · 재정	재정
~행정력 · ~로비 · 재정	행정력 · ~재정	~재정
행정력 · 로비 · ~재정	~행정력 · 재정	
~행정력 · ~로비 · ~재정	~행정력 · ~재정	
	로비 · 재정	
	로비 · ~재정	
	~로비 · 재정	
	~로비 · ~재정	

5) 불리언 덧셈

불리언 대수에서는, 만약 A = 1이고 B = 1일 때 A + B = Z라면, Z는 1이다. 다시 말해, 1 + 1 = 1이다. 불리언 덧셈의 기본적인 개념은, 만약 더해지는 조건 중 어느 하나라도 만족(존재)한다면, 결과가 발생하는 것이다. 불리언 대수의 덧셈은 논리적 연산자 OR과 같다(대문자 OR은 논리적 연산자 '또는'을 나타낸다.) 그러므로, 위의 공식 A + B = Z는, 'A가 1이거나(OR) B가 1일 때 Z는 1이다'라고 해석할 수 있다.

이 원칙을 이해하는 가장 좋은 방법은 산술적으로 이해하는 것이 아니라 논리적 맥락에서 생각하는 것이다. 예를 들어 어떤 사람이 직장에서 해고를 당할 수 있는 이유는 여러 가지가 될 수 있다. 이때 그가 이유들 중 몇 가지에 해당되는지는 중요하지 않다. 아마도 여러 가지 이유들 중 어떤 하나에라도(혹은 모두 다) 해당되는 일을 저질렀다면 그 사람은 해고될 것이다. 두 가지 행동을 했다고 해서 한 가지 행동을 한 사람에 비해 '더 해고'되지는 않는 것이다. 즉 해고의 여부는 이분법적으로 표현될 수밖에 없는 것이다. 이 예시는, 더해지는 조건 중 어느 하나만 만족해도 기대되는 결과값이 발생한다는 불리언 덧셈의 특성을 간단하게 보여 준다. 불리언 덧셈의 이러한 특성은 사회과학 연구, 특히 질적 비교연구에서 유용하다.

의료민영화를 예로 들어보자. 의료민영화가 도입되게 되는 세 가지의 가설적인 조건이 있다고 가정하자. 첫째는 정부의 약한 행정력(*행정력*), 둘째는 시장에서의 기업의 로비(*로비*), 셋째는 정부 재정의 악화(*재정*)이다. 이 셋 중 어느 하나만 있어도 의료민영화가 실시되기에 충분하다는 가설을 지지하는 조건들, 각 조건조합에 해당되는 국가들의 사례수(빈도) 및 결과(의료민영화 실시 여부)가 진리표(표 3.1)에 요약되어 있다(1 = 존재, 0 = 부재를 의미함). 원인들의 각 조합은 의료민영화의 실시 여부(존재 및 부재)를 산출해 내고, 모순되는 열은 없다.

민영화 = *행정력* + *로비* + *재정*

위 '단순화된' 불리언 방정식은 세 가지 조건과 의료민영화의 관계를 나타내는데, 부정적인 경우와 긍정적인 경우 모두에 대해 단순하고 명쾌하게 보여 준다. 간단하게 말해서 세 가지 조건 중 어느 하나라도(또는 두 개 혹은 모두 다) 일어나면 의료민영화는 실시될 것이다.

6) 불리언 곱셈

불리언 곱셈은 일반적인 곱셈과 상당히 다르다. 불리언 연산공식에서 곱은 원인조건들의 조합을 의미하는데, 〈표 3.1〉의 진리표에서 표현되는 의료민영화는 다음과 같이 표현될 곱의 합들로 이루어진 공식으로 나타낼 수 있다.

민영화 = 행정력 • ~로비 • ~재정 +
~행정력 • 로비 • ~재정 +
~행정력 • ~로비 • 재정 +
행정력 • 로비 • ~재정 +
행정력 • ~로비 • 재정 +
~행정력 • 로비 • 재정 +
행정력 • 로비 • 재정

7개의 각 항들은, 적어도 한 번의 의료민영화가 일어난 경우의 원인조건 조합을 나타낸다.

불리언 곱셈은 불리언 덧셈과 마찬가지로 산술적인 개념이 아니다. *행정력•~로비•~재정*은 *행정력* 값(1), *로비* 값(0), *재정* 값(0)이 곱해져 결과적으로 0을 산출해 내는 것을 의미하는 것이 아니고, 단순하게 행정력의 존재가 로비의 부재와 재정의 부재와 결합됨을 의미한다. *민영화 = 행정력 • ~로비 • ~재정*은 전체 데이터에서 총 두 번 일어난다. 불리언 곱셈의 이러한 결합적 특징을 잘 나타내는 위의 방정식을 해석하면, '의료민영화는 세 가지 원인의 7가지 조합 중 하나만 발생하면 일어난다'가 된다. 불리언 대수에서 덧셈은 논리적 OR(또는)을 의미하고 곱셈은 논리적 AND(그리고)를 의미한다. 세 가지 원인은 다양한 경험적 조합을 제시하기 위해 곱해졌다(AND). 또한 이러한 상호작용은 의료민영화와 관련된 세 가지 원인들로 구성된 다양한 조합들을 나타내기 위해 곱(AND)의 합(OR)들로 표현되는 것이다.

7) 조합 논리

위에 제시된 의료민영화 분석을 보면, 세 가지 원인 중 하나만 존재해도 의료민영화가 실시된다는 것을 진리표(표 3.1)에서 처음 네 개의 행이 나타내고 있는 것이다. 이처럼 불리언 분석에서 사용하는 방법은 데이터를 보다 더 정확하게 분석한다고 볼 수 있는데, 그 이유는 불리언 분석에서 어떤 원인의 '부재'는 그 원인의 '존재'와 같은 논리적 중요성을 갖기 때문이다. 위에 언급했듯이, 불리언 곱셈은 조건의 존재 및 부재의 결합을 나타낸다.

진리표(표 3.1)의 두 번째 행을 보면, 이 행은 *행정력 • ~로비 •*

~재정 원인 조합에서 의료민영화가 발생한 두 가지 사례를 나타내고 있다. 단순하게 보면 이 사례에서 *민영화*(의료민영화)는 첫 번째 원인인 *행정력* 때문에 발생한 것처럼 보인다. 여기서 주의할 점은, 만약 연구자가 진리표의 다른 행에 대한 정보 없이 오직 이 두 번째 행에 대한 정보만 가지고 있었다면, *로비*와 *재정*이 부재할 경우에만 *행정력*이 *민영화*의 원인이 된다고 결론지을 수도 있다. 이것이 바로 *행정력 • ~로비 • ~재정* 조합이 의미하는 바이다. 이 행 하나만 가지고는 *로비*나 *재정*, 혹은 이 두 개가 함께 존재할 경우에도 *행정력*이 *민영화*를 초래하는지의 여부를 판단할 수 없다. *행정력 • ~로비 • ~재정*의 두 가지 사례로부터 연구자가 알 수 있는 것은, *행정력*이 *민영화*의 원인이 되려면 다른 조건(*로비*와 *재정*)들이 부재해야 한다는 것이다. 불리언 관점에서, 다른 조건들 중 하나 혹은 둘이 존재할 때(즉, *행정력 • ~로비 • 재정* 조합), 민영화가 일어나지 않을 수도 있다는 것은 전적으로 타당하다.

좀 더 자세히 살펴보기 위해, 연구자가 진리표에서 처음 네 행에 관한 정보만 가지고 있다고 가정해보자. 데이터는 세 가지 조건 중 어느 하나만 존재해도 *민영화*가 일어날 것이라는 주장을 뒷받침하지만, 앞에서와 마찬가지로 *로비*와 *재정*이 부재할 경우에만 *행정력*이 *민영화*의 원인이 되거나(*행정력 • ~로비 • ~재정*), *행정력*과 *재정*이 부재할 경우에만 *로비*가 *민영화*의 원인이 되거나(*~행정력 • 로비 • ~재정*), *행정력*과 *로비*가 부재할 경우에만 *재정*이 *민영화*의 원인이 된다는 것을(*~행정력 • ~로비 • 재정*) 보여 줄 것이다. 사실, 조합 논리를 엄격하게 적용하자면, 한정된 사례를 가지고 도출된 결론에는 이러한 한계점이 제시되어야 한다.

조합 논리의 이러한 특성은 사례를 변수로 분해되지 않은 '전체'로 보아야 한다는 관점과 일맥상통한다. 불리언 접근의 이러한 사례중심적 특성은 질적 연구자들의 연구 접근 방식과 같다고 볼 수 있다. 사례접근적 관점에서 진리표(표 3.1)의 두 번째 행을 분석하면, *민영화*가 *행정력*으로 인해 발생한다고 해석되지 않고 *행정력 • ~로비 • ~재정*으로 인해 발생한다고 해석될 것이다. 그러므로, 불리언 기반의 질적 비교연구에서는 특정 원인을 독립적 변수로 간주하지 않고 항상 다른 원인조건들의 존재와 부재의 맥락 속에서 보아야 한다.

최소화

만약 같은 결과를 도출하는 두 가지의 불리언 항(원인조건들의 결합)이 단 하나의 원인조건만 다르게 갖고 있다면 이 하나의 원인조건은 관련이 없다고 판단할 수 있으며, 두 개의 항을 보다 간결하게 결합시키기 위해 제거할 수 있다.

본질적으로 최소화 규칙을 통해 연구자는 한 가지 항만이 다른 두 가지의 불리언 표현으로부터 하나의 결합된 표현을 만들어 낼 수 있다. 예를 들어, (*행정력 • ~로비 • ~재정*)과 (*행정력 • 로비 • ~재정*)은 똑같이 *민영화*라는 결과를 도출하면서 *로비* 조건만 다르고 다른 요소는 모두 같다. 위에서 언급한 최소화 규칙은

이 두 가지 항을 하나의 간단한 표현, *행정력* • *~재정*으로 대체해 준다. 다시 말해서 *행정력* • *~로비* • *~재정*과 *행정력* • *로비* • *~재정*, 이 두 가지 행을 비교하면, 사례는 *행정력* • *~재정*인 경우를 나타내고 *로비* 값은 관련이 없다. *로비* 원인은 존재할 수도 부재할 수도 있지만 *민영화*는 여전히 발생한다.

이러한 데이터 축소의 논리는 실험설계 논리와 매우 유사하다. 단 하나의 원인조건, *로비*만이 다르고 결과는 차이점이 없는데(*행정력* • *~로비* • *~재정*과 *행정력* • *로비* • *~재정* 둘 다 *민영화*의 사례이기 때문이다), 실험 설계 논리에 따르면 *로비*는 *행정력* • *~재정*이 존재할 때 *민영화*와 관련이 없다(즉, 이 두 가지 조건을 일정하게 유지한다). 그러므로, 불리언 최소화 과정은 실험설계의 논리와 유사하다.

이러한 논리적 최소화 과정은 불리언 표현이 더 이상 줄어들 수 없을 때까지 실시할 수 있다. 앞서 살펴본 의료민영화를 다시 한 번 생각해 보자. 하나의 원인이 존재하고 두 개의 원인이 부재한 각각의 행은 두 개 원인이 존재하고 하나가 부재한 행과 결합될 수 있는데 그 이유는, 모든 행들은 같은 결과(*민영화*)를 갖고 있고 각각의 쌍은 단 하나의 원인조건에서만 다르기 때문이다.

행정력 • *~로비* • *~재정*은 *행정력* • *로비* • *~재정*과 결합하여 *행정력* • *~재정*을 산출.

행정력 • *~로비* • *~재정*은 *행정력* • *~로비* • *재정*과 결합하여 *행정력* • *~로비*를 산출.

~행정력 • *로비* • *~재정*은 *행정력* • *로비* • *~재정*과 결합하여 *로비* • *~재정*을 산출.

~행정력 • *로비* • *~재정*은 *~행정력* • *로비* • *재정*과 결합하여 *~행정력* • *로비*를 산출.

~행정력 • ~로비 • 재정은 행정력 • ~로비 • 재정과 결합하여 ~로비 • 재정을 산출.

~행정력 • ~로비 • 재정은 ~행정력 • 로비 • 재정과 결합하여 ~행정력 • 재정을 산출.

유사하게, 두 가지 원인이 존재하고 하나가 부재하는 행은 모든 원인이 존재하는 행과 결합할 수 있다.

행정력 • 로비 • ~재정은 행정력 • 로비 • 재정과 결합하여 행정력 • 로비를 산출.

행정력 • ~로비 • 재정은 행정력 • 로비 • 재정과 결합하여 행정력 • 재정을 산출.

~행정력 • 로비 • 재정은 행정력 • 로비 • 재정과 결합하여 로비 • 재정을 산출.

더 줄이는 것도 가능하다. 한 번 줄어든 항은 두 번 줄어든 다른 항과 결합하여 더 간단한 표현을 만들어 낼 수 있다:

행정력 • ~로비는 행정력 • 로비와 결합하여 행정력을 산출.

행정력 • ~재정은 행정력 • 재정과 결합하여 행정력을 산출.

~행정력 • 로비는 행정력 • 로비와 결합하여 로비를 산출.

로비 • ~재정은 로비 • 재정과 결합하여 로비를 산출.

~행정력 • 재정은 행정력 • 재정과 결합하여 재정을 산출.

~로비 • 재정은 로비 • 재정과 결합하여 재정을 산출.

다소 지루한 작업이지만 이렇게 간단한 최소화 과정을 통해 최종적으로 축소된 불리언 방정식이 도출된다.

민영화 = 행정력 + 로비 + 재정

8) 필요조건과 충분조건

만약 결과가 발생할 때 특정 원인이 반드시 존재한다면, 이 원인을 필요조건이라고 정의한다. 만약 원인이 스스로 결과를 산출해 내면 이 원인은 충분조건이라고 한다. 이 구분은 오직 이론적 근거 위에서만 의미가 있는데, 다시 말해 어떤 원인이 결과와 관련이 있다는 근거가 되는 이론이 없으면 그 어떤 원인도 필요조건이 되기 어렵다. 일반적으로 필요조건과 충분조건은 함께 고려되는데 그 이유는 두 조건의 모든 조합이 의미 있기 때문이다.

어떤 원인이 결과를 가져오는 유일한 원인이라면(즉, 원인의 조합이 아님) 그 원인은 필요조건인 동시에 충분조건이다. 만약 원인이 결과를 가져올 수는 있지만 유일한 원인은 아니라면 그 원인은 충분조건이지만 필요조건은 아니다. 만약 원인이 다른 원인과 결합해야만 결과를 가져올 수 있고 결과가 도출되는 모든 조합에 포함된다면 그 원인은 필요조건이지만 충분조건은 아니다. 마지막으로, 원인이 결과를 가져오는 조합 중 일부 조합에서만 나타난다면 그 원인은 필요조건도 충분조건도 아니다.

즉, 총 네 가지의 원인으로 분류할 수 있다. 일반적으로, 충분조건 조합을 분석하기 전에 필요조건을 따로 조사하는 것이 가장 좋은 방법이다. 만약 필요조건이 발견되고 이것이 필요조건임이 타당하면, 이 조건은 진리표 분석(충분조건 조합 분석)에서 제외시킬 수 있다.

5. 퍼지셋 분석[6]

퍼지셋 분석(퍼지셋 질적비교연구방법)은 QCA방법론에 퍼지이론을 접목한 방법론으로 속함 그리고 속하지 않음, 이렇게 두 개의 상호배타적인 상태를 이용하는 일반집합에서 더 나아가, 퍼지셋에서는 0부터 1 사이의 퍼지점수를 부여한다. 퍼지셋을 구성하는 방법에는 여러 가지가 있는데 그 중에서 일반적인 세 가지는 다음과 같다.

4개 값(four-value) 퍼지셋 (0, 0.33,0.67, 1)

6개 값(six-value) 퍼지셋 (0, 0.2, 0.4,0.6, 0.8, 1)

연속적인(continuous) 퍼지셋 (0 이상 1 이하의 모든 값)

A) 퍼지셋과 연산

퍼지셋 알고리즘에서도 논리적 연산자 AND와 OR이 사용되는데 일반집합에서와는 다르게 사용된다. 다음에 나오는 내용은 일반적인 연산자 논리적 AND와 논리적 OR에 대한 소개이다.

집합이론의 AND. 퍼지셋에서 집합이론의 AND는 사례가 각 집합에 대해 갖는 퍼지점수 중 가장 작은 점수를 취하는 것이다. 예를 들어, 어떤 국가의 퍼지점수는 가난한 국가 집합에서

6 퍼지셋 분석과 관련된 자세한 내용은 Fuzzy-Set Social Science(Ragin 2000)와 Redesigning Social Inquiry(Ragin 2008)를 참고한다.

0.34이고 민주 국가 집합에서는 0.91일 경우, 가난하고(AND) 민주적인 국가 집합에서의 퍼지점수는 둘 중 작은 점수인 0.34가 된다.

집합이론의 OR. 두 개 이상의 집합은 집합이론의 OR –합집합–을 통해 결합될 수 있다. 예를 들어 연구자는 '경제 발전' 조건과 '민주주의' 조건이 어떤 결과(예를 들면, 복지국가 발전)에 대해 등가적인 조건이 될 수 있다는 가설에 따라 '경제 발전' OR '민주주의' 국가에 관심이 있을 수 있다. 일반집합에서는 이러한 집합이론의 합집합 개념이 '경제발전을 하였거나 민주주의적인'(즉, 이 중 하나의 속성을 갖거나 두 가지 속성을 모두 가진 국가) 국가를 모두 찾는 데에 사용되었을 것이다. 퍼지셋에서는 각 사례의 퍼지점수 중 가장 큰 값에 주목한다. 즉, 두 개 이상 집합의 합집합의 퍼지점수는 각 집합의 퍼지점수 중 가장 큰 값이 된다. 그러므로 만약 어떤 국가가 민주 국가 집합에서 0.15의 값을 가지고 경제발전을 이룩한 국가 집합에서 0.93의 값을 갖는다면, "민주적이거나 발전된" 국가 집합에서는 0.93의 값을 갖는다.

부정. 일반집합과 마찬가지로, 퍼지셋도 집합이론의 부정 기능을 활용할 수 있다. 일반집합 논리에서, '부정'은 멤버십 점수를 1에서 0으로, 0에서 1로 바꿔준다. 이 간단한 수학적 원칙이 퍼지 대수에도 적용된다. 퍼지셋 A 멤버십의 부정을 계산하려면 다음과 같이 이 멤버십 점수를 1에서 빼기만 하면 된다.

A의 부정에 대한 퍼지 멤버십 점수 = 1 – A의 퍼지 멤버십 점수.

이 식은, "'가 'i번째' 사례를 나타내고, 'not A'가 ~A를 나타내고, 기호 '~'가 부정을 뜻할 때, $\sim A_i = 1 - A_i$, 라고 나타낼 수 있다. 그러므로, 예를 들어 미국이 '민주 국가' 집합에서 0.79의 퍼지점수를 갖는다면, '민주 국가가 아닌 국가' 집합에서 점수는 0.21이 된다.

B) 퍼지셋의 필요조건, 그리고 충분조건(퍼지셋 부분집합 관계)

부분집합 원리와 퍼지셋에서 퍼지점수 사이의 산술적 관계. 국가의 실패가 사회혁명의 필요조건이지만 충분조건이 아닌 예시를 생각해 보자(Fuzzy Set Social Science, p.211). 만약 조건이 결과에 대해 필요조건이지만 충분조건은 아닐 때, 결과는 원인의 부분집합이 될 것이다. 부분집합 관계를 이해하는 다른 방법은 일반집합 퍼지점수(1과 0) 사이의 산술적인 관계를 이해하는 것이다. 만약 결과가 원인의 부분집합이라면, 결과의 불리언(1 이나 0) 값이 원인의 불리언 값보다 작거나 같을 것이다.

부분집합 원리와 퍼지셋에서 퍼지점수 사이의 산술적 관계. 퍼지셋에서는(일반적으로 일반집합에서 필요조건 분석의 첫 번째 단계인) 결과를 갖는 국가를 '선택'하는 것이 어려울 수 있는데, 그 이유는 국가들마다 사회 혁명을 나타내는 집합에 소속되는 정도가 다양하기 때문이다. 마찬가지로 관련된 원인조건(국가 실패)에 관해 사례들이 일치하는지 여부를 평가하는 것도 매우 어려울 수 있는데, 그 이유 역시 집합에서 소속되는 정도가 다양하기 때문이다.

다행히도, 부분집합 원리와 퍼지점수 간의 산술적 관계는 퍼지셋에서도 마찬가지로 적용된다. 퍼지셋에서는 만약 A 집합에 속하는 경우의 퍼지점수가 B 집합에 속하는 것보다 작거나 같으면 집합 A는 집합 B의 부분집합이다. 또한, 결과의 퍼지점수가 원인 점수보다 작거나 같으면, 결과조건은 원인조건의 부분집합이다.

충분조건은, 원인조건을 보여 주는 사례들이 결과를 보여 주는 사례들의 부분집합인지 여부를 보면 알 수 있다. 앞서 언급했듯이, 부분집합 관계를 이해하는 또 하나의 방법은 퍼지점수 간의 산술적인 관계를 이해하는 것이다. 원인 혹은 원인 조합이 결과의 충분조건이라고 주장하기 위해서는, 원인의 퍼지점수가 결과 점수보다 같거나 작아야 한다. 다만 부분집합의 원리를 필요조건의 분석에 적용할 때와 충분조건의 분석에 적용할 때의 차이점에 대해 주의하여야 한다. 필요조건임을 밝히기 위해 연구자는 반드시 결과가 원인의 부분집합이라는 것을 보여야 하고, 충분조건이라고 주장하기 위해서는 반드시 원인이 결과의 부분집합이라는 것을 증명해야 한다.

데이터

퍼지셋 데이터는 앞서 설명한 것처럼 다른 프로그램으로부터 불러오거나 fsQCA 소프트웨어에서 만들 수 있다. 본 절에서는 Ragin(2005)에 나온 '계급의 약한 유권행위'을 가진 국가들을 예시로 사용할 것이다. 아래의 표는 데이터 시트를 나타낸다.

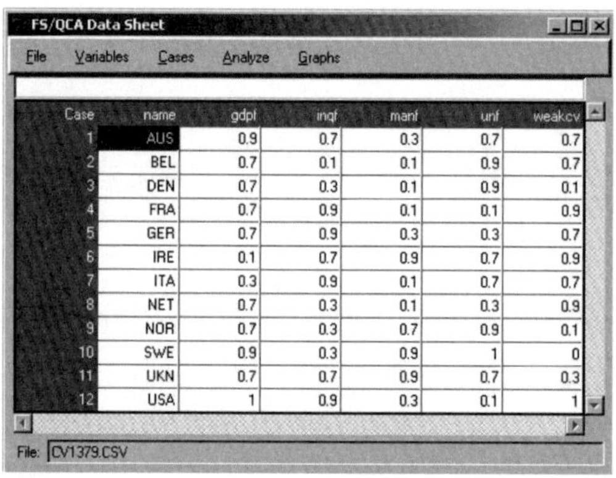

Case	name	gdpf	inqf	manf	unf	weakcv
1	AUS	0.9	0.7	0.3	0.7	0.7
2	BEL	0.7	0.1	0.1	0.9	0.7
3	DEN	0.7	0.3	0.1	0.9	0.1
4	FRA	0.7	0.9	0.1	0.1	0.9
5	GER	0.7	0.9	0.3	0.3	0.7
6	IRE	0.1	0.7	0.9	0.7	0.9
7	ITA	0.3	0.9	0.1	0.7	0.7
8	NET	0.7	0.3	0.1	0.3	0.9
9	NOR	0.7	0.3	0.7	0.9	0.1
10	SWE	0.9	0.3	0.9	1	0
11	UKN	0.7	0.7	0.9	0.7	0.3
12	USA	1	0.9	0.3	0.1	1

name	국가 이름
gdpf	경제발전
inqf	심각한 소득불평등
manf	강한 제조업
unf	강한 노동조합
weakcv	계급의 약한 유권행위

분석

진리표 알고리즘은 두 단계의 분석 과정을 병합한다. 첫 번째 단계는 퍼지 데이터로부터 진리표를 만드는 과정인데, 이 과정은 각 조합에 대한 결과를 구체화시키는 것과 어떤 조합이 분석에 포함될지 결정하는 것을 포함한다. 두 번째 단계는 퍼지셋 공식의 항들을 최소화하기 위해 원인조건과 결과를 구체화시키는 과정을 포함한다.

➢ 결과창에 데이터를 나타내기 위해 다음을 선택한다.

Analyze

Fuzzy Sets

Truth Table Algorithm….

다음과 같은 창이 열린다.

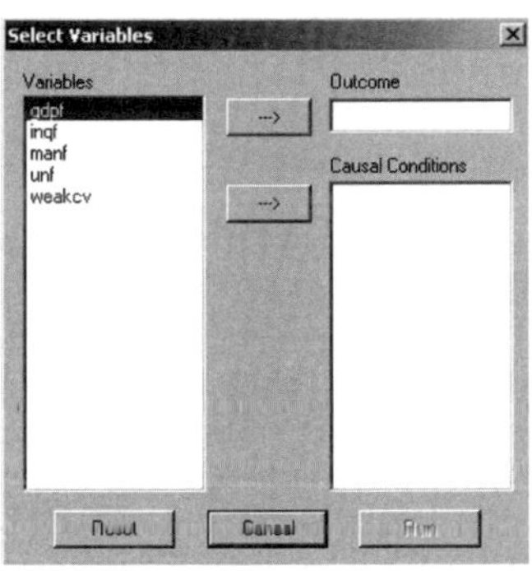

➢ 설명하고자 하는 변수를 선택하고 Outcome 필드로 이동

시킨다.

➢ 원인조건을 한 번에 하나씩 골라서 클릭한 후 Causal Conditions 필드로 이동시킨다.

➢ Run 버튼을 누르면 진리표가 있는 다음과 같은 창이 열린다.

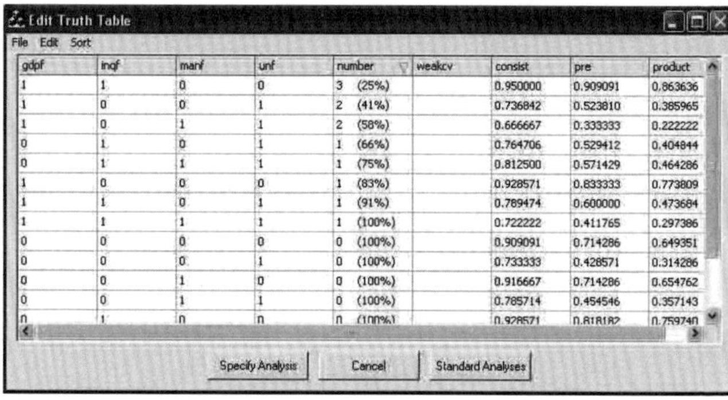
Edit Truth Table

File Edit Sort

gdpf	inqf	manf	unf	number	weakcv	consist	pre	product
1	1	0	0	3 (25%)		0.950000	0.909091	0.863636
1	0	0	1	2 (41%)		0.736842	0.523810	0.385965
1	0	1	1	2 (58%)		0.666667	0.333333	0.222222
0	1	0	1	1 (66%)		0.764706	0.529412	0.404844
0	1	1	1	1 (75%)		0.812500	0.571429	0.464286
1	0	0	0	1 (83%)		0.928571	0.833333	0.773809
1	1	0	1	1 (91%)		0.789474	0.600000	0.473684
1	1	1	1	1 (100%)		0.722222	0.411765	0.297386
0	0	0	0	0 (100%)		0.909091	0.714286	0.649351
0	0	0	1	0 (100%)		0.733333	0.428571	0.314286
0	0	1	0	0 (100%)		0.916667	0.714286	0.654762
0	0	1	1	0 (100%)		0.785714	0.454546	0.357143
0	1	0	0	0 (100%)		0.928571	0.818182	0.759740

Specify Analysis | Cancel | Standard Analyses

➢ 진리표는 가능한 모든 원인조건의 조합을 나타내는 2^k개의 행(k는 원인조건의 개수)으로 이루어진다. 각 행은 아래의 값들을 포함한다.

number　각 조건 및 조건결합에 대해 0.5보다 큰 퍼지점수를 갖는 사례의 수. 괄호에 나타난 숫자는 사례의 누적비율을 나타내는데, 가장 높은 수부터 내림차순이다.

consist　원인조건에 해당되는 퍼지점수가 결과의 부분집합에 일치하는 정도이다.

pre　퍼지셋에서 PRE(proportional reduction in error)를 이용한 일치성 측정치(일반집합에서 이 값은 consist와 같다).

product　consist와 pre의 곱. 이 값을 통해 '일치성'의 상위 범위 오차를 알 수 있어서 결과 해석을 위해 '일치성' 값의 기준을 설정하는 데 도움이 된다.

위 그림에서 결과 열이(weakcv 열) 비어 있는 것을 볼 수 있는데, 각 조합에 대해서 결과를 결정하고 다음의 과정을 이용하여 이를 스프레드시트에 입력하는 것은 연구자의 몫이다.

➢ 연구자는 반드시 어떤 조합이 관련 있고 어떤 조합이 관련이 없는지를 구분하는 규칙을 먼저 세워야 하는데, 이때 이를 원인조건에 해당되는 사례 수를 기반으로 한다. 그 방법은 number 열에 나와 있는, 각 조합에서 퍼지점수가 0.5 이상인 사례의 수를 기반으로 하여 빈도 기준선을 선택하는 것이다. 전체 사례 수(N)가 상대적으로 작을 경우, 빈도 기준은 1이나 2가 적당하다. 전체 사례 수(N)가 클 때는 보다 큰 기준을 사용해야 한다. 사례들이 각 원인조건들에 어떻게 분포되어 있는지를 봐야 하는데, 일반적으로 선택된 조합들은 적어도 전체 사례의 75-80%는 포함하고 있어야 한다.

➢ number 열을 클릭하고 다음을 선택하면 빈도별로 정렬할 수 있다

Sort

Descending

➢ 정렬 후 기준값을 선택한 뒤, 기준값에 미치지 못하는 모든 행을 삭제한다. 만약 사례들이 number에 따라 내림차순으로 정렬되었다면, 기준값보다 작은 첫 번째 사례를 클릭한 뒤 다음을 선택한다.

Edit

Delete current row to last row

만약 사례들이 정렬되지 않았으면 기준값에 못 미치는 사례를 하나씩 선택한 뒤 다음을 선택해서 개별적으로 삭제할 수 있다

Edit

Delete current row

➢ 다음 단계는 결과의 부분집합과 일치하는 조합과 그렇지 않은 조합을 구분하는 것이다. 이는 consist, pre, 그리고/또는 product 열에 나온 측정치를 이용하여 판단할 수 있다. consist 열에 있는 값 중 0.75 미만의 값은 상당히 낮은 일치성을 나타낸다. 일치성 점수 분포를 보려면 점수를 내림차순으로 정렬하는 것이 유용하다(이 작업은 빈도 기준값에 못 미치는 행들을 제거한 후에 해야 한다). 정렬은 consist, pre 또는 product 열을 클릭하고 다음을 선택하면 된다

Sort

Descending

➢ 이제 어떤 원인조건 조합이 결과를 초래하거나 초래하지 않는지 알아봐야 한다. 일치성 정도가 기준값에 부합하고(부합하거나) 초과하는 각 조합에 대해 결과 열(예시에서는 weakcv열)에 1을 부여한다. 일치성 정도가 기준값에 부합하

지 않는(못 미치는) 각 조합에 대해 결과 열에 0을 부여한다.

➢ "Delete and code" 기능을 사용하면 이 과정을 자동으로 할 수 있다. 다음을 선택한다.

Edit

Delete and code

첫 번째 필드에서, 빈도 기준값을 선택한다. 디폴트(default)로 설정된 사례 수는 1이지만 선택된 빈도 기준값에 직접 입력해서 바꿀 수 있다. 두 번째 필드에서, 일치성 기준값을 선택한다. 디폴트로 설정된 일치성 기준값은 0.8이지만 일치성 기준값을 선택하고 직접 입력해서 바꿀 수 있다.

"OK"를 클릭한다. 프로그램은 빈도 기준값에 부합하지 않는 행을 삭제하고, 일치성 기준값에 따라서 결과에 0 또는 1을 코딩할 것이다.

➢ 다음의 창은 이후에 보여질 진리표이다.

1. 빈도 기준값 1을 데이터에 적용하고 사례를 하나도 갖지 않은 조합(8개의 조합)을 삭제한다.
2. 일치성 기준값 0.9를 선택하고 일치성이 0.95나 혹은 그 이상을 갖는 조합(2개의 조합)에 대해 weakcv 열에 1을 부여하고, 그보다 작은 일치성을 갖는 사례(6개 조합)에 0을 부여한다.

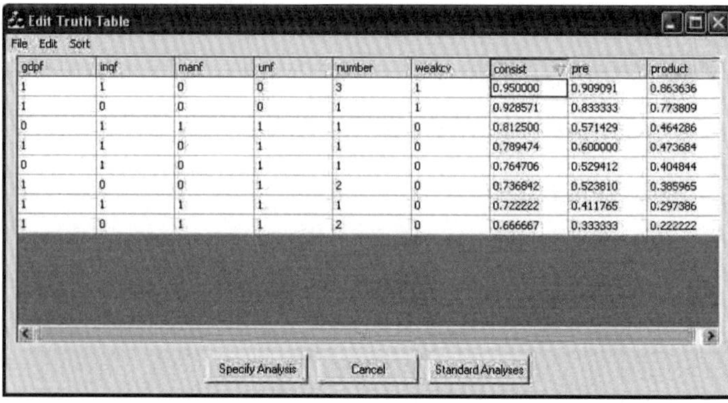

gdpf	inqf	manf	unf	number	weakcy	consist	pre	product
1	1	0	0	3	1	0.950000	0.909091	0.863636
1	0	0	0	1	1	0.928571	0.833333	0.773809
0	1	1	1	1	0	0.812500	0.571429	0.464286
1	1	0	1	1	0	0.789474	0.600000	0.473684
0	1	0	1	1	0	0.764706	0.529412	0.404844
1	0	0	1	2	0	0.736842	0.523810	0.385965
1	1	1	1	1	0	0.722222	0.411765	0.297386
1	0	1	1	2	0	0.666667	0.333333	0.222222

이 단계에서는 추후 분석에 대한 두 가지 방법, specify analysis하는 방법과 "표준분석"을 선택하는 방법이 있는데, "표준분석"이 권장된다.

"표준분석(Standard Analyses)" 옵션

➢ 진리표가 구성되면 "표준분석(Standard Analyses)"을 선택한다. 이 과정은 자동적으로 사용자에게 complex, intermediate, 그리고 parsimonious 솔루션을 모두 제공한다. 이 분석은 "Specify Analysis"보다 권장되는 방법이다.

C) "표준분석" 옵션의 결과

표준분석은 complex, intermediate, parsimonious 솔루션을 모두 보여 준다. 다음 그림의 창에는 intermediate 솔루션이 나와 있다. 결과창에서 "Assumptions"은 "Intermediate Solution"

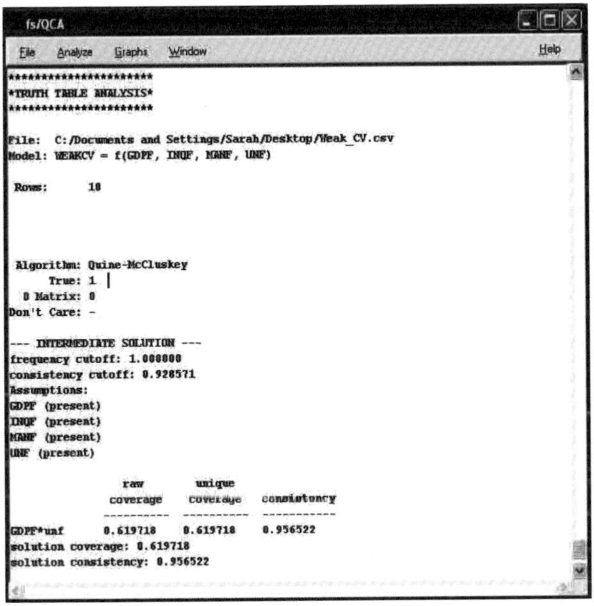

```
fs/QCA
File  Analyze  Graphs  Window                                   Help
**********************
*TRUTH TABLE ANALYSIS*
**********************

File:  C:/Documents and Settings/Sarah/Desktop/Weak_CV.csv
Model: WEAKCV = f(GDPF, INQF, MANF, UNF)

 Rows:      10



 Algorithm: Quine-McCluskey
      True: 1
  0 Matrix: 0
Don't Care: -

--- INTERMEDIATE SOLUTION ---
frequency cutoff: 1.000000
consistency cutoff: 0.928571
Assumptions:
GDPF (present)
INQF (present)
MANF (present)
UNF (present)

                 raw       unique
               coverage   coverage    consistency
              ---------- ----------  -----------
GDPF*unf       0.619718   0.619718    0.956522
solution coverage: 0.619718
solution consistency: 0.956522
```

창에서 미리 선택된 옵션을 나타내는데 여기서는 조건이 존재할 때, 그 조건이 결과를 가져온다고 선택되었다. 이 결과에서, weak class voting은 부유한 국가 집합에서 높은 퍼지점수를 갖고 강한 노동조합을 가진 국가 집합에서 낮은 퍼지점수를 가질 때 산출된다.

D) 일치성과 포괄성

결과에는 각 결과항과 이 항들의 합에 대한 일치성과 포괄성 측정치가 포함되어 있다. 일치성은 각 결과항들과 이 항들의 합이 결과조건의 부분집합이 되는 정도를 측정한다. 포괄성은 각 결과항들과 이 항들의 합들에 의해 결과조건이 얼마나 설명되는지를 측정한다. 이 측정치들은(하나 혹은 그 이상의 결과항으로 이루어진) 결과항을 고려하여 원래의 퍼지 데이터를 분석하여 계산된다. 원래의 데이터에 있는 사례들이 각 결과항에서 어느 정도의 퍼지점수를 갖는지, 그리고 일치성과 포괄성의 기반이 되는 결과에 대해 어느 정도의 퍼지점수를 갖는지가 측정된다. 더 구체적으로, 세 가지의 원인조건(A, B, C)과 결과(Y)가 퍼지셋으로 측정된 다음의 〈표 3.3〉을 보자.

표 3.3 원인조건과 결과의 퍼지점수

원인조건 퍼지점수			결과 퍼지점수	Solution 퍼지점수			Solution 일치성		
A	B	C	Y	A*B	A*C	A*B+A*C	C_{A*B}	C_{A*C}	$C_{A*B+A*C}$
.8	.9	.8	.9	.8	.8	.8	.8	.8	.8
.6	.7	.4	.8	.6	.4	.6	.6	.4	.6
.6	.7	.2	.7	.6	.2	.6	.6	.2	.6
.6	.6	.3	.7	.6	.3	.6	.6	.3	.6
.8	.3	.7	.8	.3	.7	.7	.3	.7	.7
.6	.1	.7	.9	.1	.6	.6	.1	.6	.6
.7	.4	.2	.3	.4	.2	.4	.3	.2	.3
.2	.9	.9	.1	.2	.2	.2	.1	.1	.1
.1	.6	.2	.2	.1	.1	.1	.1	.1	.1
.2	.1	.7	.3	.1	.2	.2	.1	.2	.2
.3	.1	.3	.3	.1	.3	.3	.1	.3	.3
.1	.2	.3	.2	.1	.1	.1	.1	.1	.1
합:			6.2	4.0	4.1	5.2	3.8	4.0	5.0

이 분석의 결과는 아래에 나와 있다. 이 결과항은 두 가지 항, A*B + A*C로 구성되어 있다. 일치성과 포괄성을 계산하기 위해, 몇 개의 intermediate 값이 반드시 먼저 계산되어야 한다. 결과

(Σ_Y) 퍼지점수는 데이터에 있는 모든 사례의 결과 퍼지점수의 합이다. 각 결과항에 있는 사례의 퍼지점수는 그 항의 각 원인조건에서 사례의 퍼지점수의 최소값으로 계산되었다. 첫 번째 결과항(Σ_{A*B}) 퍼지점수는 그 항에 있는 모든 사례의 퍼지점수의 합이다. 두 번째 결과항(Σ_{A*C})의 퍼지점수 역시 이 항에 있는 모든 사례의 퍼지점수의 합이다. 결과항($\Sigma_{A*B+A*C}$) 퍼지점수는 결과항에 속하는 사례의 퍼지점수의 최대값으로 정의된다.

	raw coverage	unique coverage	consistency
A*B +	0.612903	0.161290	0.950000
A*C	0.645161	0.193548	0.975610

solution coverage: 0.806452

solution consistency: 0.961538

일치성은 각 결과항의 퍼지점수가 결과의 부분집합이 되는 정도를 측정한다. 일치성은 각 사례의 첫 번째 consistency computing에 의해 계산된다. 어떤 결과항에서도 결과항에 있는 퍼지점수가 결과 퍼지점수보다 작거나 같으면 일치한다고 볼 수 있다. 만약 결과항에 있는 사례의 퍼지점수가 결과에 있는 것보다 크면(즉, inconsistent) 그 사례는 결과에 있는 퍼지점수와 같은 점수를 받게 된다. 이러한 점수들은 합해지고(ΣC_{A*B}를 산출) 결과항(Σ_{A*B})에 있는 퍼지점수의 합으로 나눠진다. 그러므로, 첫 번째 결과항의 일치성은 ΣC_{A*B} / Σ_{A*B} = 3.8/4 = .95이고 두 번째 결과항의 일치성은 4.0/4.1= .976이다.

4장
퍼지셋 질적비교연구방법의 적용

이 장에서는 퍼지셋 질적비교연구방법론을 활용한 연구를 소개한다. 앞서 설명한 것과 같이 퍼지셋 질적비교연구는 집합이론을 바탕으로 인과관계를 설명한다. 즉, 회귀분석이 '원인의 결과'를 발견하기에 적합하다면, 퍼지셋 질적비교연구는 '결과의 원인'을 검증하기에 유용하다고 설명될 수 있다. 다시 말해 퍼지셋 질적비교연구방법론은 동일한 결과(이 장에서는 높은 비정규직 고용을 예로 들겠다)에 서로 다른 원인이 있을 수 있음을 고려한다. 퍼지셋 질적비교연구는 연구자들로 하여금 서로 다른 정책조합이 동일한 결과를 가져올 수 있다고 전제하고 분석을 실시한다. 또한 퍼지셋 질적비교연구는 회귀분석에 하나 혹은 다수의 상호작용 항을 포함하는 것과는 다른 것이다. 하나 이상의 변수가 결과에 미치는 영향을 검증한다는 개념은 비슷해 보이지만, 결정적으로 퍼지셋 질적비교연구에서 인과관계를 검증하는 방식은 상관관계가 아닌 집합이론 방식이다. 이는 정책 조합이 결과에 대한 충분·

필요조건으로서 검증되는 것을 의미하며 결과의 조건으로 하나 이상의 정책결합을 분석해 낼 수 있다.

이 장에서는 퍼지셋 질적비교연구방법론을 적용한 예로 [High non-standard employment rates in the Republic of Korea and Japan: Analyzing policy configurations with fuzzy-set/QCA(2013)]를 소개한다. 본 연구에서는 임시직 노동자에 대한 고용보호법제, 상용직 노동자에 대한 고용보호법제, 장기실업 급여의 소득대체율, 법정 최저임금 정책의 4개 정책을 정책조합을 구성하는 속성으로 살펴보고, 이들로 구성된 서로 다른 정책조합들이 한국과 일본의 높은 비정규직율을 어떻게 설명할 수 있는지 분석하였다. 이를 위해, 18개 OECD 국가를 대상으로 2001-2008년까지 8개 시점의 총 144개 사례가 선택되었다. 퍼지셋 질적비교연구방법론을 활용하기 위해서는 먼저 연구대상이 되는 결과조건, 예를 들어, 높은 비율의 비정규직(종속변수)의 원인조건이 될 수 있는 정책들에 대한 이론적 고민이 필요하다. 앞서 설명한 것과 같이 분석에 포함시킬 속성(여기서는 단일 정책)의 개수는 전체 조합의 수에 영향을 미치기 때문이다. 본 연구에서는 4가지의 정책을 정책조합의 구성 속성들로 선택하였다. 다음의 중요한 단계로, 결과조건에 해당되는 '높은 비정규직율'과 원인조건에 해당되는 각 정책들의 이상형을 설정하고 퍼지점수를 부여해야 한다.

1. 비정규직 고용률에 대한 퍼지셋 분석

한국과 일본의 경우는 다른 국가 대비 매우 높은 임시직 고용률을 보이는데 OECD 국가들의 임시직 고용률이 4-22% 사이에 분포된 반면, 한국과 일본의 경우 임시직 고용률이 약 30% 수준이다. 임시직 고용률의 눈금을 매기는 과정에서 고용률이 22%보다 높은 사례들은 '높은 임시직 고용률'의 기준점으로, 4%보다 낮은 경우는 '완전히 낮은 고용률', 그리고 중간 분기점은 13%으로 설정되었다. 시간제 고용의 경우 26% 이상이면 '완전히 높은 고용률', 5% 이하는 '완전히 낮은 고용률'이 되며, 15%가 중간 분기점으로 설정되었다. 전체 사례의 평균은 15.27%이고 표준편차는 8.28이다. 각 사례를 살펴보면 네덜란드의 경우 1980년대 중반부터 시간제 고용률이 눈에 띄게 증가하기 시작하여 26% 수준부터 35%을 넘는 수준으로 나타났다. 반면 나머지 국가에서 시간제 고용률은 4-25% 사이로 나타났다. 시간제 고용률이 8개 시점 모두 26%를 넘는 네덜란드를 제외한다면 높은 시간제 고용에 완전히 소속되는 퍼지점수의 한계점은 26%이다. 따라서 시간제 고용률이 26%를 넘는 모든 사례들의 퍼지점수는 1점이다. 5%보다 낮은 시간제 고용률을 가진 사례는 매우 적었고 최저점은 4.1%이나. 따라서 5% 이하인 사례는 높은 시간제 고용률의 이상형에서 제외된다. 나머지 사례들은 15% 전후의 정상분포를 보이며 한 사례가 높은 시간제 고용률에 해당되는지를 결정하는 중간 분기점은 15%이다.

본 연구에서 정의하는 비정규직은 시간제 노동자와 임시직 노동자를 모두 포함하지만, 두 가지를 모두 포괄하는 비교자료는 현재 존재하지 않는데 이는 두 가지 고용형태가 겹치는 부분이 있기 때문이다. 예를 들어 시간제 노동자이면서 동시에 임시직 계약을 한 경우나 그 반대의 경우가 있을 수 있다. 이러한 데이터의 한계를 '*OR*(또는)'의 집합이론 논리를 사용하여 극복해 볼 수 있다. 즉, 비정규직 고용의 집합은 두 집합의 합(OR)으로, 만약 시간제 고용률이 높거나 또는(*OR*) 임시직 고용률이 높다면 비정규직 고용이 높다고 할 수 있는다. 그래서 시간제 고용 퍼지점수와 임시직 고용 퍼지점수 중 높은 퍼지점수가 비정규직 고용의 퍼지점수로 산출되었다. 예를 들어 2001년 한국의 임시직 고용 퍼지점수가 0.95이고 시간제 고용 퍼지점수가 0.09라면, 2001년 한국의 비정규직 고용 퍼지점수는 0.95이다. 일본과 한국의 경우 모두 임시직 고용과 시간제 고용이 높게 나타났다. 반면 둘 중 하나의 수치만 높게 나타난 국가들도 일부 있었다.

2. 정책에 대한 퍼지셋

법정 최저임금의 눈금매기기는 모든 사례들의 통계정보와 연구목적을 반영하여 실시되었다. 먼저 전체 144개 사례 중 39%에서 법정 최저임금 정책이 아예 존재하지 않았는데, 정책이 존재하는 경우 평균 임금 대비 최저임금 수준은 최저 28%(한국, 2001년)에서 최대 63%(프랑스, 2006, 2007, 2008년)이었다. 본 연구에서는 최저임금 정책이 없는 사례들도 눈금매기기에 포함되어 0점의 퍼지점수가 매겨졌다. 즉, 법정 최저임금 정책이 없는 사례들은 '높은 법정 최저임금 수준'의 집합에 완전히 소속되지 않는 것이다. 퍼지점수에서 완전한 비소속의 구분점은 28%로, 법정 최저임금 정책이 있는 모든 사례 중 가장 낮은 최저임금 수준이다. 법정 최저임금이 아예 없는 사례가 많았기 때문에 통계적 평균은 가장 낮은 최저임금 수준인 28%보다도 낮은 27%였다. 질적조사를 통해 사례들을 검토하면, 사례들의 최저임금은 28%에서 63% 사이에 골고루 분포되어 있기 때문에 최저임금 집합에 소속되는 구분점은 63%이고 중간 분기점은 45%이다. 요약하자면, 28%보다 낮은 최저임금 수준은 법정 최저임금이 없는 것과 마찬가지라는 것이다.

임시직과 상용직 노동자에 대한 고용보호 정책은 별도로 나눠서 살펴보았다. 두 정책과 관련해서는 OECD가 개발한 고용보호법제(Employment protection legislation, EPL) 강도 척도를 활용하였다. 임시직 계약에 대한 고용보호법제 강도 척도는 계약이 허용되는 일의 유형과 기간과 관련하여 상용직 및 임시직 고용계약 규정을 계량화한 척도이다[OECD(1999)의 Employment Outlook 2장의 별첨 2.B 참고]. OECD가 개발한 고용보호법제 강도 척도는 0-6점으로 구성되며 정책을 정책조합으로써 분석하기 위하여 우선 이 정책에 대한 모든 데이터를 퍼지점수로 변환시킨다.

이 책의 모든 사례에서 상용직 노동자의 고용보호법제는 0.17-

3.05 사이로 나타났다. 데이터에서 상용직 노동자의 고용보호법제 퍼지점수가 4보다 높은 사례는 없었는데, 따라서 0.17보다 낮은 경우는 강한 고용보호법제에 소속되지 않고 3.05보다 높은 사례는 강한 고용보호법제 집합에 소속되는 것이다[동일한 정책이라 해도 연구 문제와 이론적 배경에 따라 눈금매기기가 달라질 수 있다(Hudson과 Kühner(2009) 참고]. 동일한 방법으로 임시직 노동자에 대한 강한 고용보호법제 집합에 대한 퍼지셋 점수를 산출한 결과 0.25보다 낮으면 소속되지 않고 4.75보다 높은 사례는 소속되며 중간 분기점은 1.73이었다.[7]

다음으로, 실업 정책과 관련하여 1년 이상의 실업에 대한 실업급여의 세후기준 소득대체율을 사용하였다. 노동자에게 급여가 매력적인 경우 비정규직으로 일하기보다는 실업상태를 유지하는 것을 선택할 것이라는 가설을 검증하기 위하여 단기실업급여보다 장기실업급여를 활용하였다. 세후 소득대체율(Net replacement rates, NRR)은 국가별 급여 관련 조세제도의 차이나 근로자가 납부하는 높은 세율 수준과 같이 가구 수입에 관련된 모든 세금과 급여의 직접 효과를 포함하며, 이전에 풀타임 기준으로 평균임금의 100%의 소득으로 고용되었던 이들에 대하여 실업상태에서의 세후 소득이 고용상태에서의 세후 소득에서 차지하는 비중으로 정의된다.[8] 국가별 장기실업 가구의 세후 소

7 이 책에서 분석한 6개 집합의 퍼지점수를 저자에게 요청할 수 있다.

8 세후 소득(net income) : 세전 근로소득(gross employment income)? 소득세(income tax) + 사회보장비(social security contributions) + 공공부조(social

득대체율은 0-64% 사이로 나타났으며, 대부분의 사례에서 소득 대체율은 평균 임금의 17-58% 수준으로 분포되어 있고 평균은 35.76%였다. 가장 높은 소득대체율은 85%지만 75%를 넘는 경우는 극히 소수였다. 따라서 눈금매기기의 중간 분기점은 36%, 소속되지 않는 기준은 17%, 소속되는 기준은 58%이다.

3. 진리표 결과

각 정책조합 결과는 〈표 4.1〉와 같이 진리표에 명시되는데 그 중에서 분석에 포함될 조합을 결정해야 한다. 이 단계에서는 각 소

표 4.1 높은 비정규직 고용의 부분집합으로서 제도조합

상용직 노동자고용 보호법제	임시직 노동자고용 보호법제	법정 최저 임금 정책	장기실업에 대한 소득 대체율	사례 수	비정규직 고용률 (결과)	일치성
0	1	1	1	8	1	1.00
0	0	1	1	11	1	1.00
1	1	0	1	16	1	0.99
1	0	0	0	8	1	0.99
0	0	0	1	20	1	0.99
1	1	0	0	8	1	0.98
1	0	0	1	25	1	0.98
0	0	0	0	10	1	0.95
0	1	0	0	8	1	0.95
1	1	1	0	16	1	0.89

assistance) 혹은 최저소득보장급여(minimum income benefits) + 실업급여(unemployment benefits) + 주거관련 현금급여(housing related cash benefits) + 가족급여(family benefits) + 고용조건부 급여(in-work or employment conditional benefits)

합에 해당되는 사례의 수를 확인해야 한다. 그리고 다음으로 기준이 될 빈도를 결정한다. 본 분석에서 기준 빈도는 5이며, 이는 개별 조합의 사례의 수가 5보다 작은 경우 이 조합은 진리표 분석에서 제외시킨다는 것을 뜻한다.

다음으로 인과 조건을 명시하기 위하여 집합이론적 '일치성'과 '포괄성'을 확인해야 한다. 앞서 설명한 것과 같이 일치성은 주어진 원인조건 조합의 사례들이 논의되는 결과(본 연구에서 높은 비정규직 고용)의 부분집합이 되는 정도를 의미한다(Ragin, 2008). 일치성은 기존 회귀분석 방법론의 유의미함 개념과 유사하다고 이해될 수 있다. Ragin(2008)은 85%면 필수적인 연결성을 충분히 갖추었다고 볼 수 있다고 설명하였다.

본 연구에서 충분조건을 분석하기 위하여 측정된 개별 조합의 4개 조건(상용직 고용보호법제 강도, 임시직 고용보호법제 강도, 최저임금 정책, 실업보험의 소득대체율)의 최소 퍼지점수가 일관되게 결과(비정규 고용)의 퍼지점수보다 낮아야 한다. 본 연구의 분석 자료에서는 일치성 수준이 전반적으로 높았기 때문에, 일치성의 구분점을 0.85점으로 다소 엄격하게 설정하였다. 즉, 사례의 일치성이 85%보다 높은 사례가 일관적으로 결과의 퍼지점수보다 낮다면 그 제도나 제도 조합이 결과의 '거의 항상' 충분조건이 된다고 주장할 수 있는 것이다. 만약 일치성 점수가 0.85보다 낮다면 이는 원인조건들의 정책조합이 결과(높은 비정규 고용률)의 충분조건이 아니며 결과는 0으로 코딩된다(일치성이 0.85보다 높다면 결과는 1로 코딩).

본 연구는 0.85점의 일치성과 intermediate 분석을[9] 적용하였고, 그 결과 4개의 제도 조합을 얻게 된다. 즉, 높은 비정규직 고용률의 결과를 야기시키는 4개의 정책조합이 확인되는 것이다.

다음으로는 포괄성 지수를 확인해야 하는데, 분석결과 4개의 정책조합 중 2개의 정책조합의 포괄성이 0.25보다 낮았다. 포괄성은 인과적 조합의 실증적 중요성에 대한 지표이다. 이는 실증적인 타당성(relevance)을 나타내고 전통적 회귀분석의 상관관계 강도의 개념과 유사하다.

본 연구에서 포괄성이 0.30보다 낮은 2개의 조합은 제외되었다. 0.30의 포괄성은 제안된 정책 조합이 높은 비정규직 고용의 전체 사례 중 3분의 1을 설명한다는 것을 의미한다. 비정규직 고용에 대한 원인조건 정책조합들의 충분조건 분석 결과는 다음과 같다.

N = smw X EPP(일치성 0.92, 포괄성 0.61) + smw X ept(일치성 0.94, 포괄성 0.59) = smw(EPP + epp)

결과를 통해 4개의 정책 조합이 〈표 4.1〉에 정리된 10개의 인과관계 조합에서 나온다는 것을 알 수 있다. 포괄성 수준은 적용하면 2개의 조합은 제외된다. 따라서 남은 2개의 정책 조합, smw

9 분석에서 complex, intermediate, parsimonious 솔루션이 도출되었다. Ragin(2008, p.119)은 넓은 범위의 퍼지셋 분석에서 intermediate 솔루션이 다른 두 개보다 더 낫다고 보았다.

X EPP 와 smw X ept가 높은 비정규직 고용의 충분조건으로 제시되는 것이다.

위 퍼지셋 분석은 낮은 수준의 법정 최저임금 정책이 (i) 상용직에 대한 강한 고용보호법제나 (ii) 임시직에 대한 약한 고용보호법제와 결합하여 높은 비정규직 고용으로 연결될 수 있다는 것을 제시한다. 법정 최저임금이 낮거나 없는 경우 고용주들은 비정규직 노동자를 더 낮은 비용으로 고용할 수 있다. 임시직 고용에 대한 고용보호가 제한적이고 법정 최저임금이 없거나 낮은 경우, 노동자가 비정규직으로 고용될 가능성이 더욱 높다. 따라서, 법정 최저임금이 없거나 낮은 경우와 임시직 노동자에 대한 약한 고용보호는 높은 비정규직 고용률의 충분조건이 된다고 해석될 수 있다. 마찬가지로, 상용직 노동자에 대한 강한 고용보호법제는 고용주에게 상용직 노동자의 고용이나 해고에 드는 비용이 높다는 것을 뜻한다. 이런 상황에서 고용주는 상용직 채용보다 비정규직 채용을 선호하기 때문에, 법정 최저임금이 없거나 낮은 경우, 그리고 상용직 노동자에 대한 강한 고용보호의 조합은 높은 비정규직 고용률의 충분조건이 될 수 있다.

4. 한국과 일본의 사례

퍼지셋 방법의 장점 중 하나는 연구자가 다시 개별 사례로 돌아갈 수 있다는 점이다. Ragin(2008)은 기존 양적 방법론에서 각각의 독립변수가 개별적으로 뚜렷하게 구분되는 반면, 퍼지셋 분석은 현상의 사례를 조건들의 조합으로 연구하는 집합이론적 방법에 중점을 둔다고 설명하였다. 분석이 '독립'변수보다 원인조건들의 결합에 초점을 맞추기 때문에, 다시 사례로 돌아가서 특정 제도적 구성의 퍼지점수를 살펴볼 수 있다. 예를 들어 높은 비정규직 고용률을 보이는 몇몇 국가가 있다면, 우리는 사례로 돌아가서 어떤 국가가 어떤 제도적 구성 유형을 보이는지를 살펴볼 수 있다. 또한, 서로 다른 제도조합이 원인조건으로 밝혀졌다면 역시, 사례로 돌아가 각 국가들이 분석된 정책조합 중 어떤 정책조합에 가장 높은 소속점수를 갖고 있는지 살펴볼 수 있다.

한국과 일본의 사례를 다시 구체적으로 살펴보겠다. 두 국가는 비정규직 고용 집합에서 높은 퍼지점수를 보였다. 하지만, 이들은 높은 비정규직 고용률에 대한 원인조건으로 각각 다른 정책조합을 가지고 있는 것으로 분석되었다. 즉, 한국과 일본을 비교할 때, 두 국가 모두 비정규직 고용률이 높으면서도 이 결과에 대한 원인조건이 되는 정책조합은 각각 다르다.

한국의 경우 낮은 법정 최저임금과 상용직 노동자에 대한 강한 고용보호의 조합이 원인조건으로 나타났고, 일본의 경우 낮은 법정 최저임금과 임시직 노동자에 대한 느슨한 고용보호의 제도적 조합이 원인조건으로 나타났다. 위 결과는 2000년대 한국과 일본 모두 낮은 법정 최저임금을 보이지만, 고용보호법제의 성격이 서로 다르다는 것을 뜻한다.

한국은 일본 대비 상용직 근로자에 대해 고용보호가 엄격하다. 한국과 달리 일본에서는 낮은 법정 최저임금과 임시직 근로자에 대한 약한 고용보호라는 정책조합이 높은 비정규직 고용률에 대한 원인조건으로 분석되었다. 일본의 경우 한국 대비 상용직 근로자 고용보호가 덜 엄격한데, 다시 말해 상용직 근로자에 대한 강한 고용보호 법령보다 임시직 근로자에 대한 약한 고용보호가 많은 수의 비정규직 근로자를 양산시켰다고 해석할 수 있다.

퍼지셋 질적비교연구방법론을 활용한 본 연구는 일반적인 회귀분석과 다음의 두 가지 측면에서 구분된다. 첫째는 같은 결과를 설명하는 데 있어 서로 다른 정책경로가 있을 수 있다는 것이다. 예를 들어 일본과 한국의 높은 비정규직 비율을 설명하는 데 있어 각 국가들에서 서로 다른 정책조합이 원인조건으로 분석되었다. 두 번째는, 퍼지셋 질적비교연구방법론은 정책의 "조합"들이 어떻게 원인조건이 될 수 있는 분석해 낼 수 있는 장점이 있다. 위 연구 결과, 고용보호정책과 법정 최저임금 정책의 결합이 높은 비정규직 고용률의 충분조건이 될 수 있다는 것을 알 수 있었는데, 이는 일반 양적분석에서 결정변수를 분석하는 것과 차이를 갖는다. 이 책은 일본에서 임시직 노동자에 대한 고용보호가 낮은 반면 한국에서 상용직 노동자에 대한 고용보호가 높고 이러한 정책적 차이가 낮은 최저임금이라는 공통적 정책과 결합하여 두 국가 모두에서 높은 비정규직 고용이라는 동일한 결과로 나타난다고 설명하였다. 즉, '여러 경로'와 '정책결합'의 개념으로 결과조건이 설명되었다.

5. 결론

위에서 퍼지셋/질적 비교연구를 활용하여, 어떤 정책조합이 한국과 일본에서 높은 비정규직 고용률의 원인이 되는지를 실증적으로 검증한 예를 소개하였다. 예시에서 퍼지셋 질적비교연구를 통하여 (i) 다양한 정책을 정책의 결합 또는 조합으로 살펴보는 것의 중요성과 (ii) 같은 결과를 초래하는 데 있어 서로 다른 원인조건이 있을 수 있다는 점을 논의하였다. 또한 (iii) 집합이론을 활용하여 어떤 정책조합이 높은 비정규직 고용률이라는 결과에 대한 충분조건이 될 수 있는지 분석하였다. 마지막으로 퍼지셋 질적비교연구방법은 한국과 일본의 사례로 돌아가 각 국가가 가진 서로 다른 정책 조합에 대한 (iv) 질적 사례연구를 가능하게 한다는 것을 살펴보았다. 두 국가에서의 비정규직 증가를 설명하는 데 있어 서로 다른 정책조합이 각각 국가의 원인조건이 될 수 있다는 것은, 사회정책 연구에 있어 퍼지셋 질적비교연구가 갖는 장점을 부각시킨다.

단일 사회정책을 가진 국가는 없다. 위의 연구는 정책결합 개념을 활용하는 접근으로 다양한 정책조합을 분석하는 데 있어 퍼지셋 방법론의 강점을 입증하였다고 볼 수 있다.

이상으로 비교사회정책 연구에 있어 퍼지셋 질적비교연구방법론 활용방법 및 적용 예시를 살펴보았다. 비교연구방법론은 데이터의 양과 질의 향상과 더불어 눈부신 발전을 이뤄 왔으나 현재 학계에서는 계량적 분석 및 양적방법론에 대한 논의에 연구들이 다소 편중되어 있다는 지적이 있다(Mahoney & Rueschemeyer, 2003). 이러한 비판들에 대응하여 다양한 연구방법론들이 개발되었는데, 특히 질적연구와 양적연구 각각의 한계를 극복하기 위한 방법으로 고전적집합이론 및 퍼지이론 등을 활용한 비교연구방법인 질적비교연구(Qualitative Comparative Analysis) 및 퍼지셋 질적비교연구(Fuzzy-set Qualitative Comparative Analysis)가 점차적으로 더 많이 활용되고 있는 것이다. 본 방법론은 사례중심적 연구와 변수중심적 연구 간의 사각지대에 놓인 연구문제들에 접근하기 위해 대안으로 제안된 비교연구방법론이다. 집합이론 및 퍼지이론에 대한 정확한 이해를 바탕으로, 기존에 사각지대에 놓여 있었던 다양한 비교연구의 주제들을 연구자들이 분석하는 데 활용되길 기대해 본다.

참고문헌

Amenta, E. (2003). What we know about the development of social policy. In: J. Mahoney and D. Rueschemeyer(eds) *Comparative Historical Analysis in the Social Science.* Cambridge: Cambridge University Press, pp.91-130.

Hall, P. A.(2003). Aligning ontology and methodology in comparative politics. In: J. Mahoney and D. Rueschemeyer (eds) *Comparative Historical Analysis in the Social Science.* Cambridge: Cambridge University Press, pp.373-406.

Lee, SY. (2013). Fuzzy-set method in comparative social policy: a critical introduction and review of the applications of the fuzzy-set method. *Quality and Quantity. 47*(4): 1905-1922.

Lee, SY. (2013). High non-standard employment rates in the Republic of Korea and Japan: Analyzing policy configurations with fuzzy-set/QCA. *Policy and Society. 32*(4): 333-344.

Lieberson, S. (2004). Comments on the use and utility of QCA. *Qualitative Methods, 2*(2), 13-14.

Lijphart, A. (1971). *Comparative politics and the comparative method.* Cambridge: Cambridge University Press.

Mahoney, J. (2003). Strategies of causal assessment in comparative historical analysis. In: J. Mahoney and D. Rueschemeyer(eds) *Comparative Historical Analysis in the Social Science.* Cambridge: Cambridge University Press, pp.337-372.

Mahoney, J. & Rueschemeyer, D. (Eds.). (2003). *Comparative historical analysis in the social sciences.* Cambridge: Cambridge University Press.

Ragin, C. (2008). *Redesigning social inquiry: Fuzzy sets and beyond.* Chicago: University of Chicago Press.

Ragin, C. (2008). User's guide to fuzzy-set/qualitative comparative analysis.

Ragin, C. (2007). Qualitative comparative analysis using fuzzy-sets (fsQCA). In: B. Rihoux and C. Ragin (eds) *Configurational comparative analysis.* California: Sage Publications.

Ragin, C. (2006). Set relations in social research: Evaluating their consistency and coverage. *Political Analysis, 14*(3), 291-310.

Ragin, C. (2000). *Fuzzy-set social science.* Chicago: University of Chicago Press.

Ragin, C. (1991). *Introduction: The problem of balancing discourse on cases and variables in comparative social science.* Dharwar, India: Sage Publications, Inc.

Ragin, C. (1987). *The comparative method: Moving beyond qualitative and quantitative methods.* California: University of California Press.

Seawright, J. (2004). Qualitative comparative analysis vis-à-vis regression. *Qualitative Methods. 12*(2), 14-17.

Smithson, M. (2005). Fuzzy set inclusion linking fuzzy set methods with mainstream techniques. *Sociological Methods & Research, 33*(4), 431-461.

Verkuilen, J. (2005). Assigning membership in a fuzzy set analysis. *Sociological Methods & Research, 33*(4), 462-496.

Vis, B. (2007). States of welfare or states of workfare? Welfare state restructuring in 16 capitalist democracies, 1985-2002. *Policy & Politics, 35*(1), 105-122.

고려대학교 정부학연구소 방법론 프론티어시리즈 발간사

사회과학 연구에서 방법론의 중요성은 아무리 강조해도 지나치지 않다. 사회현상에 대한 연구가 불완전한 개념과 자료가 가지는 한계를 극복하고 과학이라는 화려한 옷을 입을 수 있도록 도와주는 것은 다름 아닌 방법론이기 때문이다. 그러나 이러한 중요성에도 불구하고 방법론이 한국의 사회과학계에서 그에 걸맞는 대우를 받아 오지 못한 것도 사실이다. 고려대학교 정부학연구소의 방법론 연구센터는 이와 같은 배경에서 행정학, 정치학, 경제학, 경영학, 사회학, 심리학 등 다양한 사회과학 분야에서 광범위하게 사용되고 있는 최신 방법론을 연구하고 소개하기 위한 목적으로 2012년 설립되었다. 특히 본 연구센터는 설립 이후 전통적인 방법론 교과서에서 많이 다뤄지지 않고 있는 첨단 기법을 중심으로 각 분야의 최고 전문가들을 초빙하여 이를 소개하는 방법론 프론티어 세미나를 정기적으로 운영하고 있다. 지금까지 본 세미나를 통해 formal theory, ground theory, frame analysis, meta analysis, fuzzy set analysis, big data analysis, complex system theory, network theory, decision analysis 등 사회과학도라면 한번쯤 들어보았을 첨단 기법들이 교내외 연구자들과 대학원생들에게 소개되었다.

방법론 프론티어시리즈는 고려대학교 정부학연구소에서 방법론 연구센터를 통해 진행된 세미나 시리즈의 연장선상에서 기획되었다. 따라서 본 시리즈는 보다 많은 사회과학 분야 연구자들에게 첨단 방법론 기법을 접할 기회를 제공하고 나아가서 행정학을 비롯한 다양한 사회과학 분야의 발전에 기여함을 목적으로 하고 있다. 본 시리즈의 집필진들은 각 분야에서 가장 활발하게 활동하고 있는 최고 전문가들로 이루어졌으며, 이러한 노력을 통해 방법론 연구의 저변 확대에도 기여할 것으로 기대한다. 또한 본 시리즈를 통해 소개되는 방법론들은 대부분 기존 교과서에서는 다뤄지고 있지 않지만 첨단 연구 기법으로 사회과학 전 분야에서 광범위하게 활용되고 있는 것들이다. 본 시리즈의 기획 취지가 첨단 방법론의 소개와 저변 확대이다 보니 관련 연구자들과 대학원생들이 이러한 최신 기법들을 연구에 직접 적용할 수 있도록 이론뿐 아니라 사례를 통한 실제 활용에도 초점을 맞추어 내용을 구성하였다.

방법론 프론티어시리즈의 발간은 많은 분들의 도움과 수고 덕분에 가능하였다. 우선 고려대학교 출판부를 맡고 계신 유석훈 교수님은 첨단 방법론 기법의 시장이 그리 크지 않음에도 사회과학 방법론의 발전이라는 취지에 공감하여 흔쾌히 출간에 동의해 주셨다. 또한 출판부 편집실의 여러 분들이 원고의 편집 과정에서 많은 수고를 해 주셨고 앞으로도 수고해 주실 예정이다. 이분들의 도움이 없었다면 방법론 프론티어 시리즈는 아직 아이디어 단계에 머물러 있었을 것이다. 무엇보다 바쁜 일정에도 불구하고 본 시리즈의 발간에 적극적으로 참여해 주신 그리고 앞으로 참여해 주실 저자들께 특별히 감사의 마음을 전한다. 고려대학교 정부학 연구소와 방법론 프론티어 시리즈 집필에 참여한 저자들의 작은 노력이 행정학 분야뿐 아니라 사회과학 여러 분야에서 좀더 큰 결실로 이어지길 소망한다.

2014년 9월 30일
정부학연구소 소장 최진욱

이승윤

중앙대학교 사회복지학과 교수
sophia.sy.lee@ewha.ac.kr

고려대학교 정부학연구소 방법론 프론티어시리즈 01

퍼지셋 질적 비교연구방법론의 이론과 적용

Fs/QCA 입문

초판 1쇄 2014년 10월 21일
초판 3쇄 2022년 5월 30일

지은이 이승윤
펴낸곳 고려대학교출판문화원
www.kupress.com
kupress@korea.ac.kr
(02841) 서울특별시 성북구 안암로 145
Tel 02-3290-4230, 4232
Fax 02-923-6311
찍은곳 한국컴퓨터인쇄정보

ISBN 978-89-7641-852-4 94300
ISBN 978-89-7641-850-0 (세트)

값 9,000원
※ 잘못 만들어진 책은 바꿔 드립니다.